Vorwort

Dieses Werk soll die Krefelder Mundart namens Krieewelsch allen Bürgerinnen und Bürgern der Stadt besser zugänglich machen: damit sie sich hier ein bisschen mehr daheim fühlen, den Dialekt kennenlernen, egal, wie die eigene Muttersprache heißen mag – und um Krieewelsch zu pflegen.

Ganz herzlicher Dank sei dem Autor und Verfasser des Onlinelexikons www.krieewelsch.de, Heinz Webers, gesagt: Da ich leider selbst kein Krieewelsch spreche, brauche ich Hilfe, wenn es darum geht, Hochdeutsch ins Krieewelsche zu übersetzen. Die hier verwendeten Tiernamen stammen aus dem o. g. Onlinelexikon.

Tiere sind beliebt. Warum also nicht einmal ein Nachschlagewerk herausbringen, das Tiernamen auf Krieewelsch präsentiert? Viel Spaß dabei zu entdecken, welches Tier sich z. B. hinter der lustig klingenden Bezeichnung *Flimmflämmke* verbirgt.

Am Ende des Buches kann man sein neu erworbenes Wissen testen: Kreuzworträtsel und Suchsel (mit Auflösungen) fragen die krieewelschen „Vokabeln" ab.

Barbara Rath

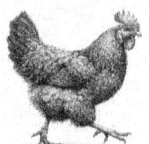

Krieewelsches Tierleben

Bebildertes Lexikon
Deutsch / Krieewelsch

mit

„Vokabeltest"

als Kreuzworträtsel & Suchsel

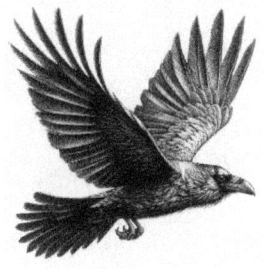

von

Barbara Rath

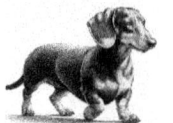

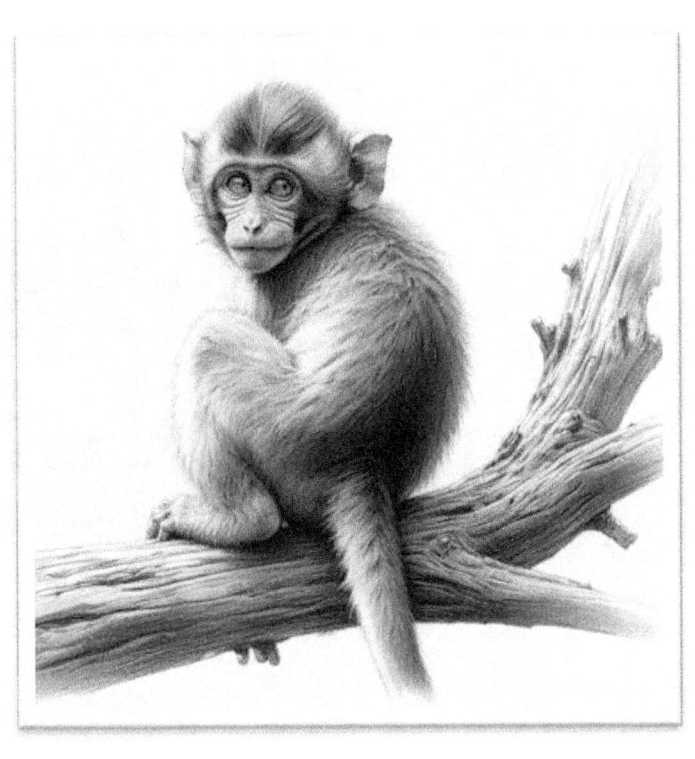

Affe /

Aap

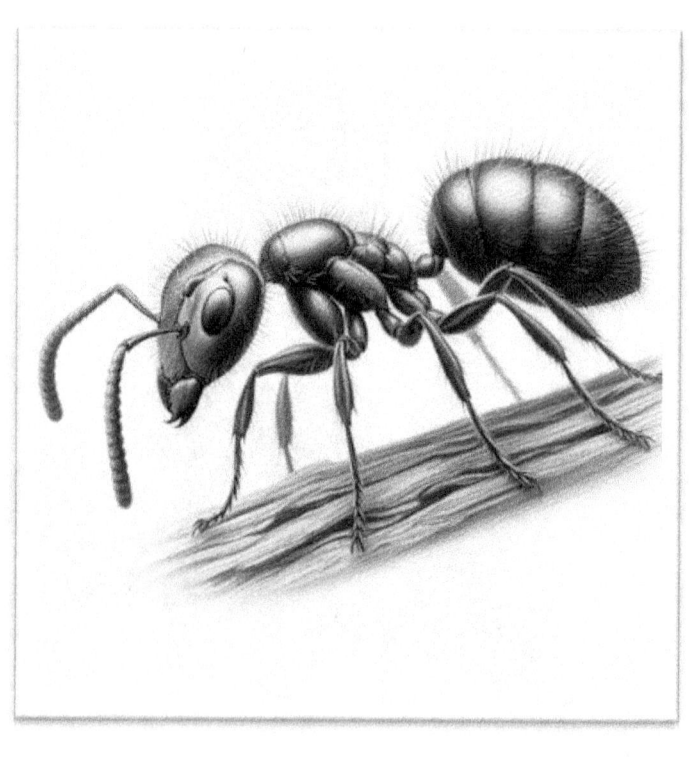

Ameise /

Sieeksempel

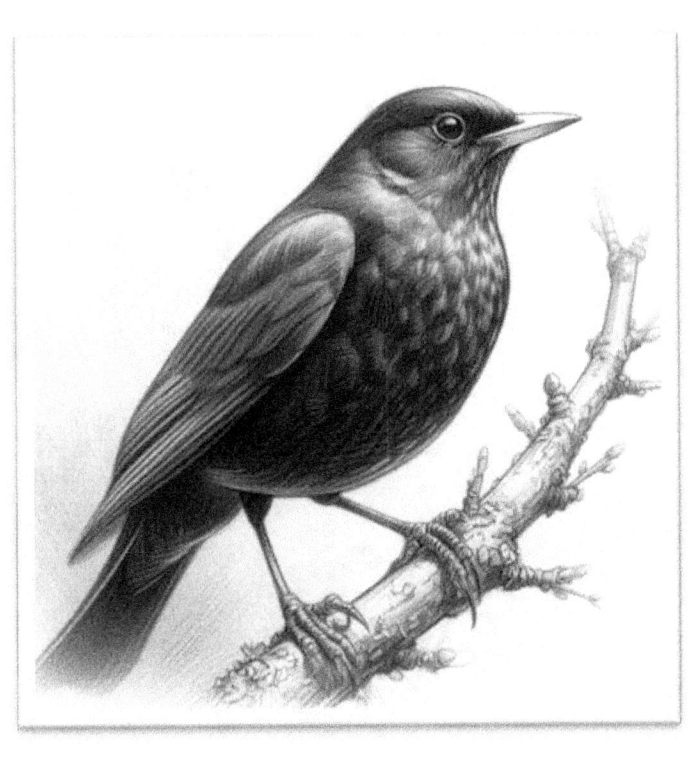

Amsel /

<u>Merling</u>

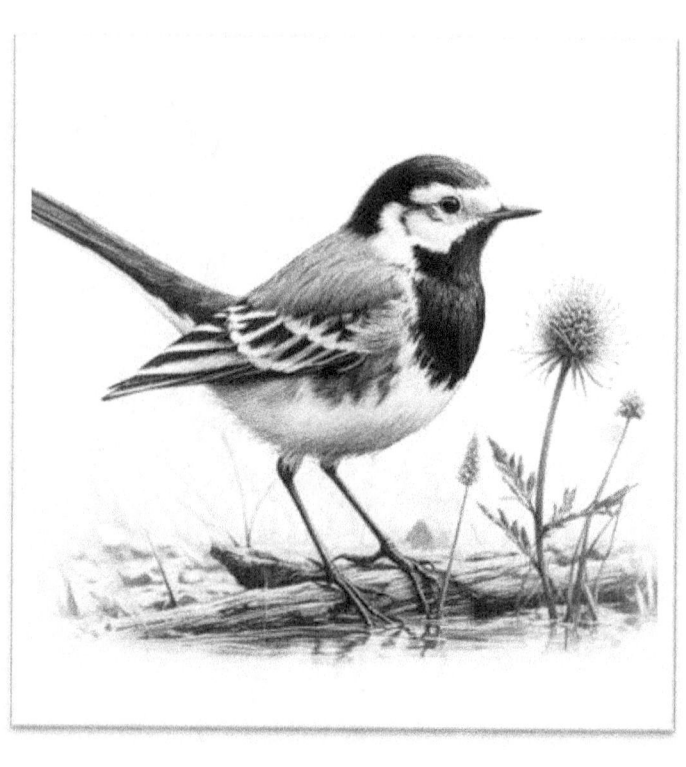

Bachstelze /

Wippsteärz

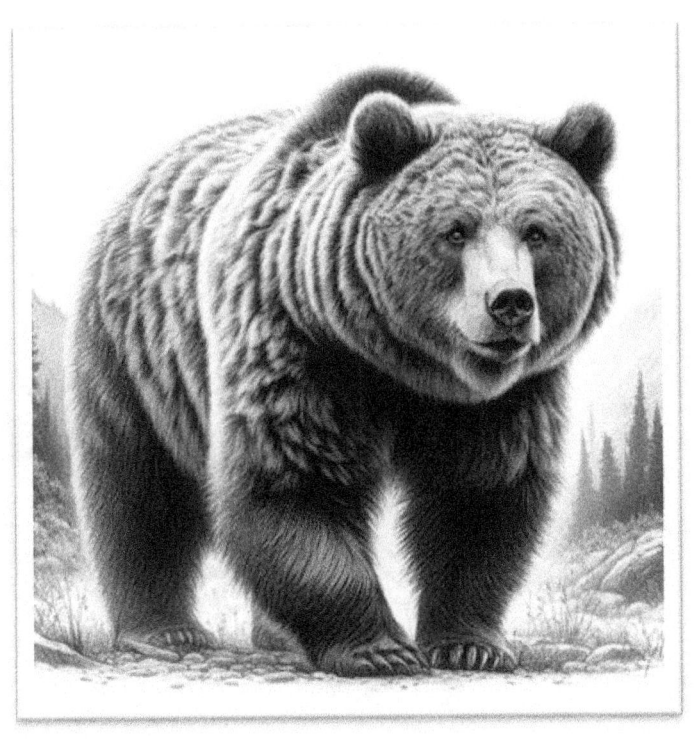

Bär /

Bäer

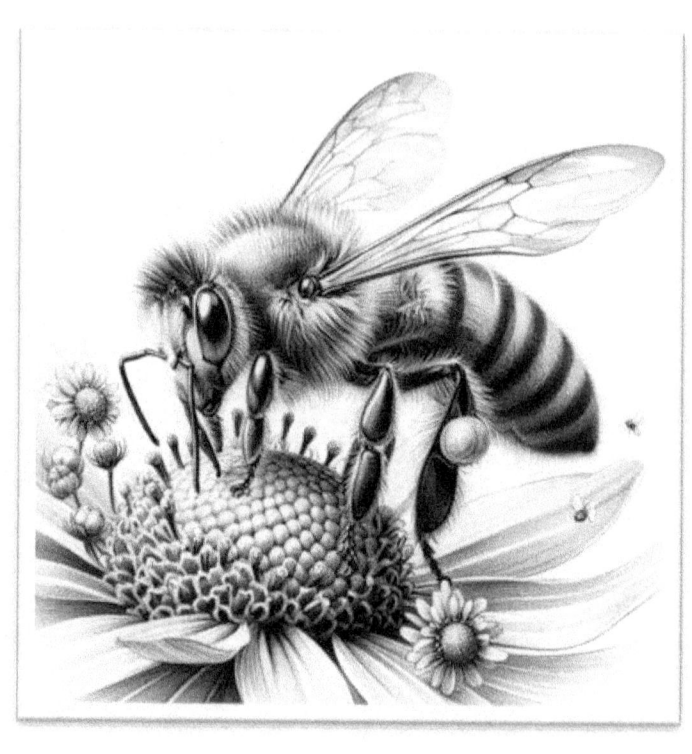

Biene /

Bei

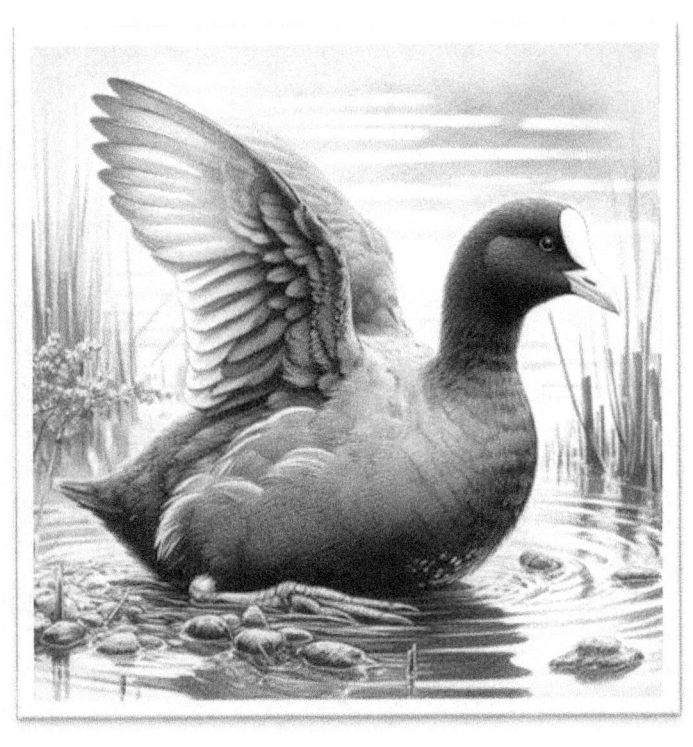

Blässhuhn / Lüüschhenn

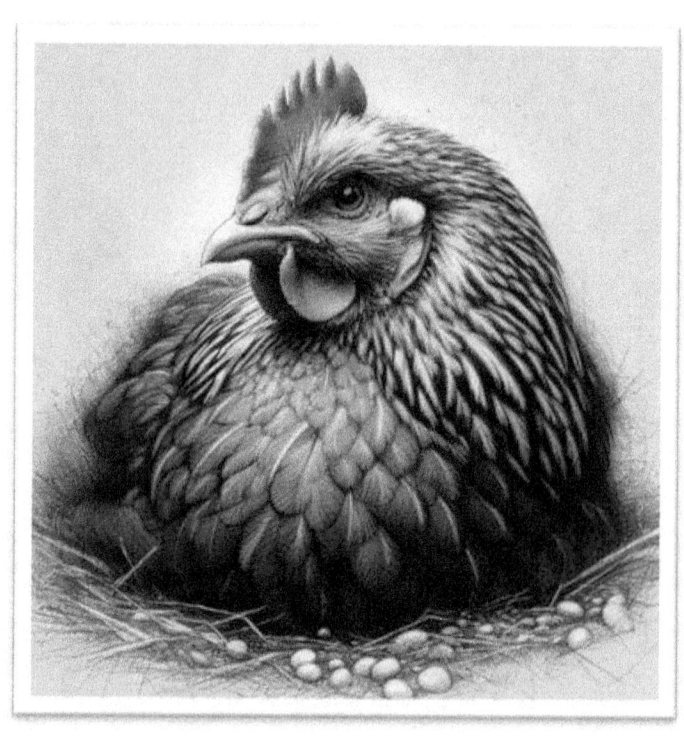

Bruthenne / Kluck

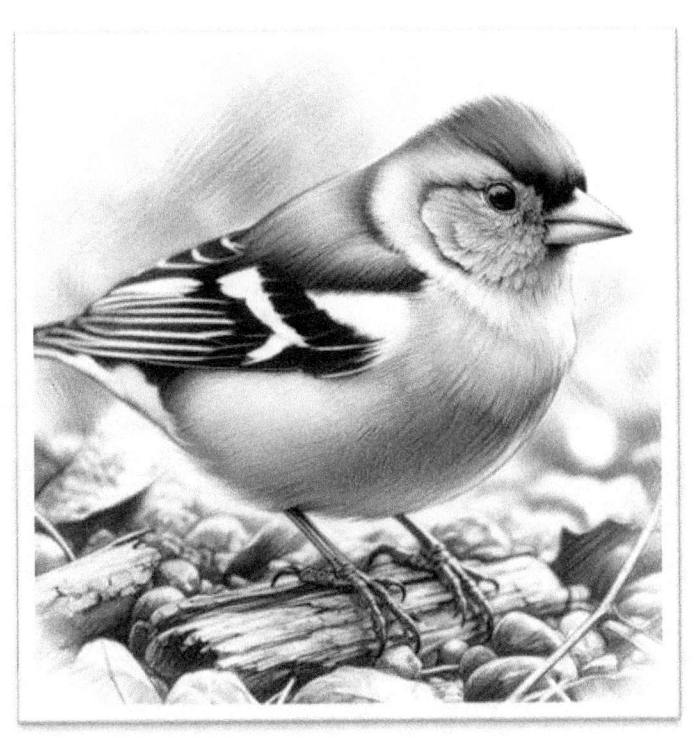

Buchfink / Bockfenk

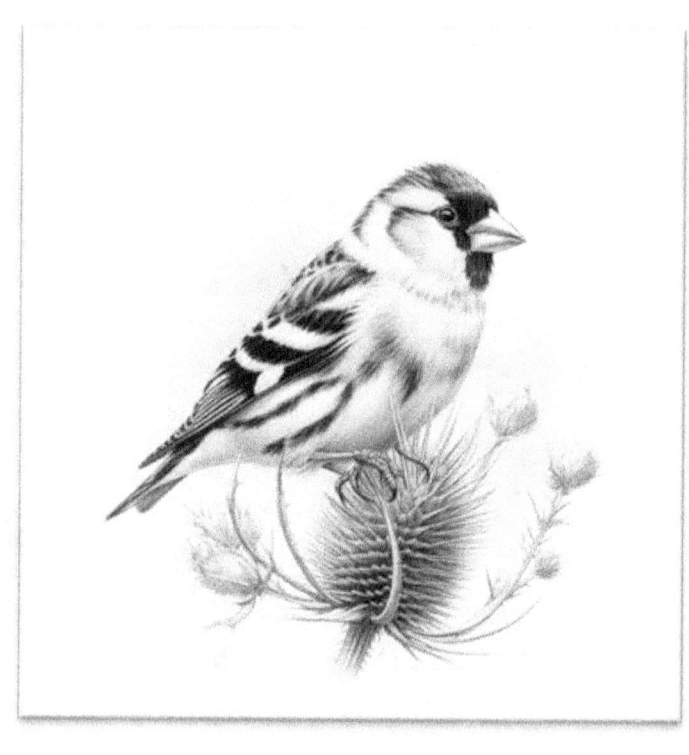

Distelfink / Pötter

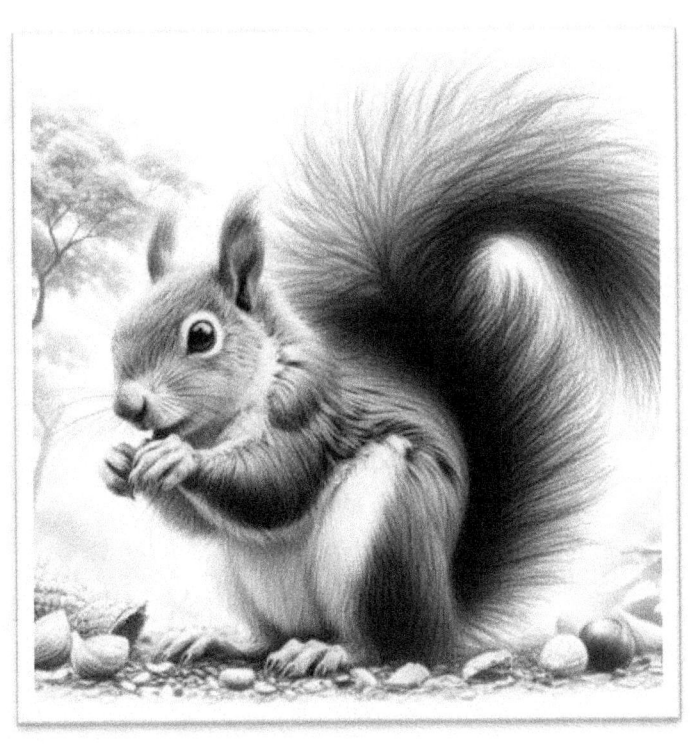

Eichhörnchen / Ieekkatz

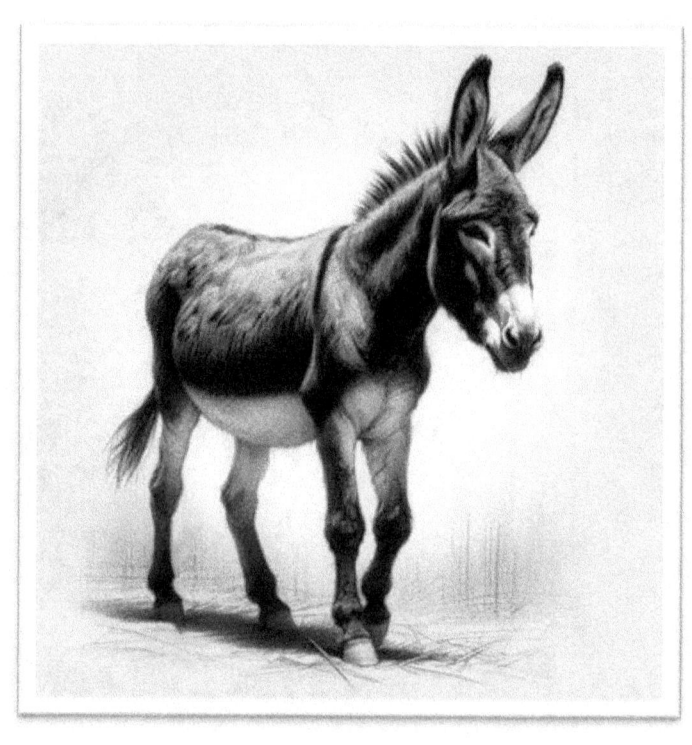

Esel /
Eäsel

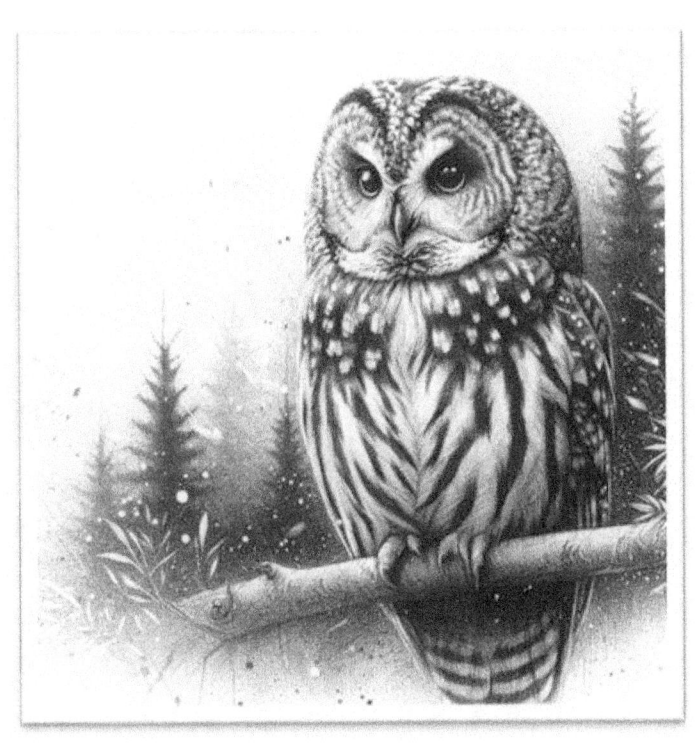

Eule /
Üll

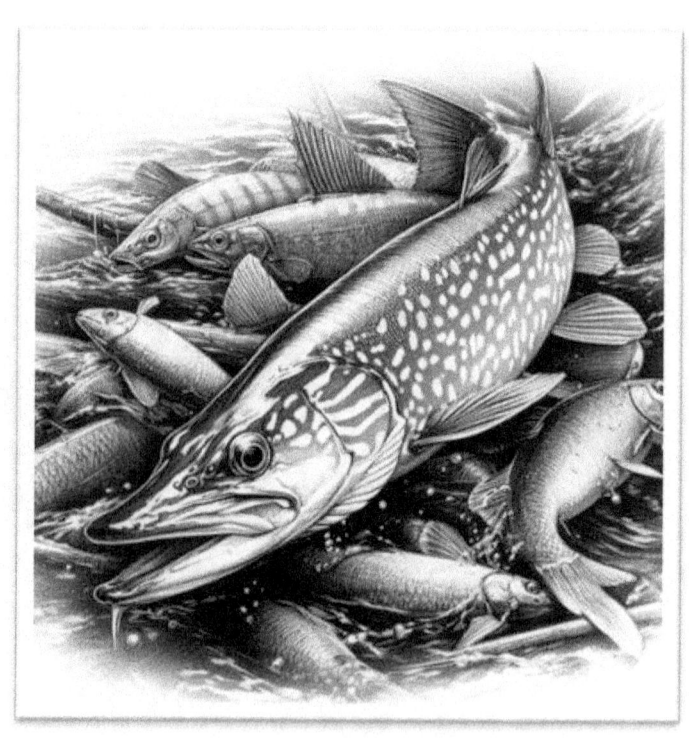

Fisch /
Fösch

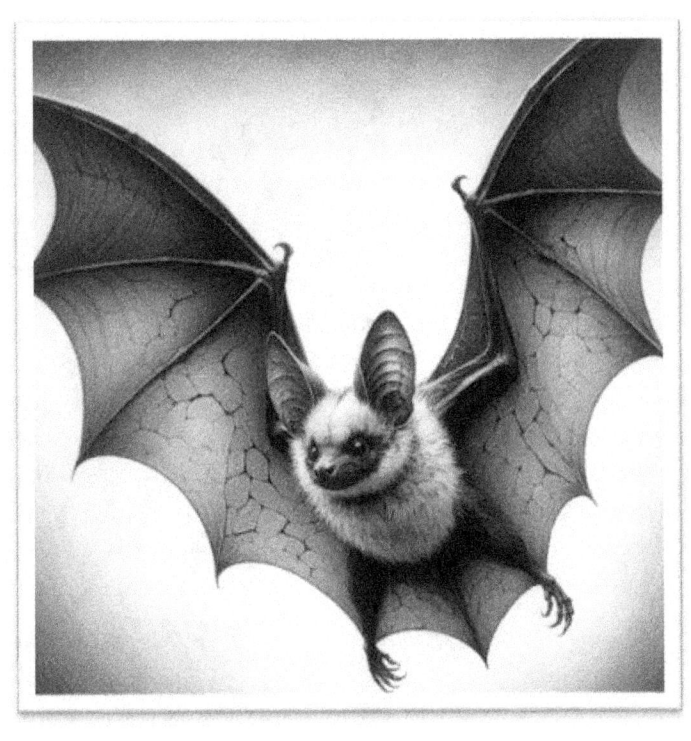

Fledermaus / Fleermuus

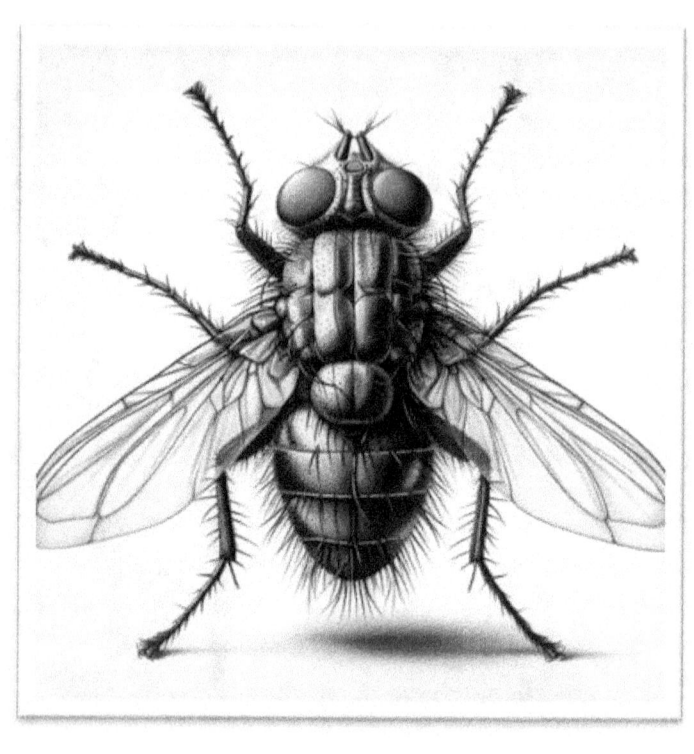

Fliege / Fleesch

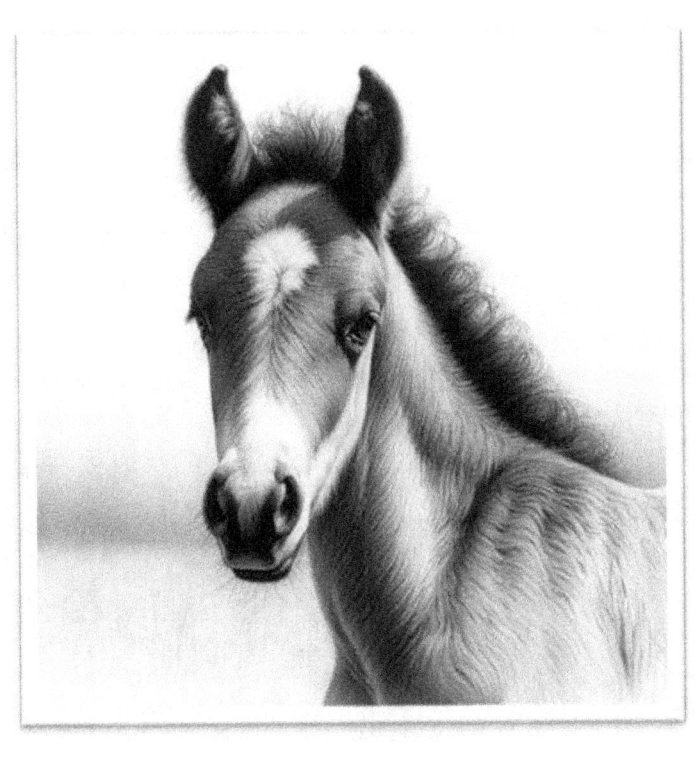

Fohlen /
Füehle

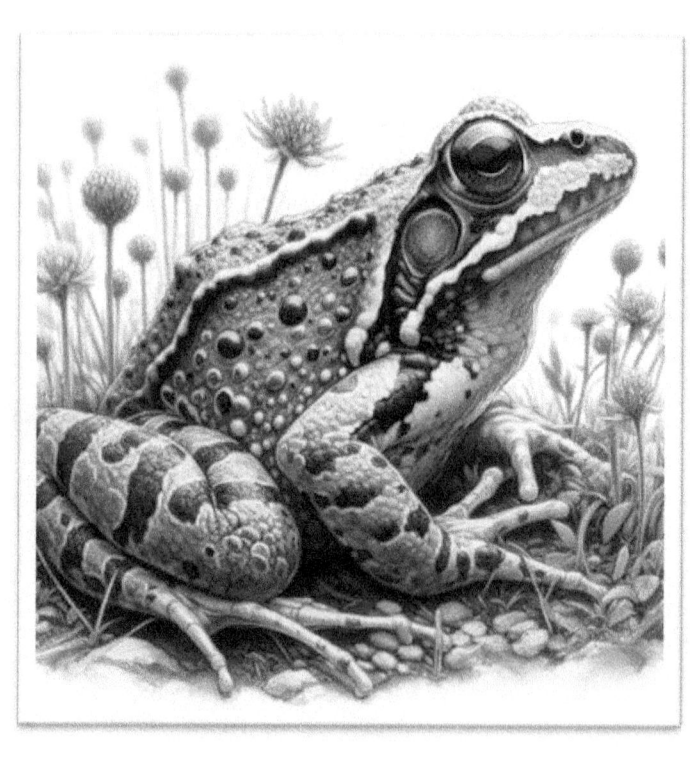

Frosch / Keckert

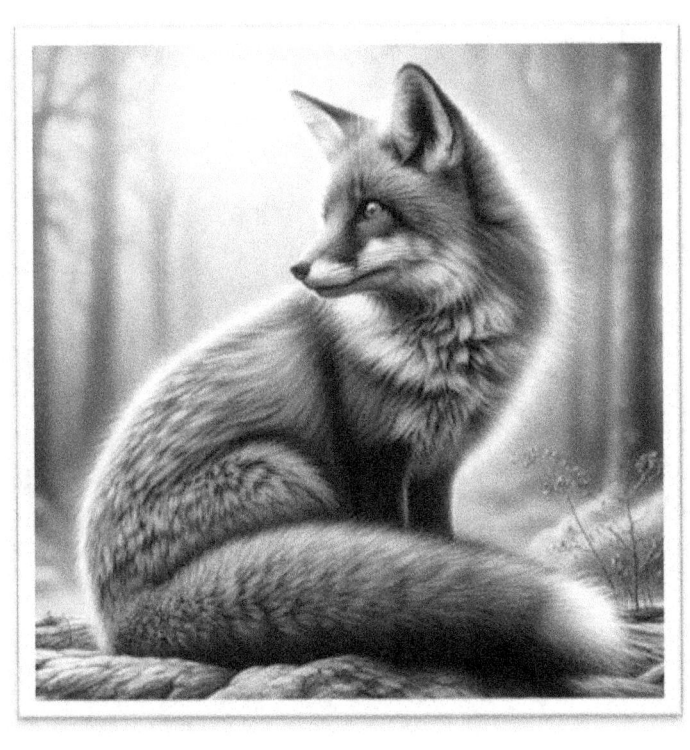

Fuchs / Fuoss

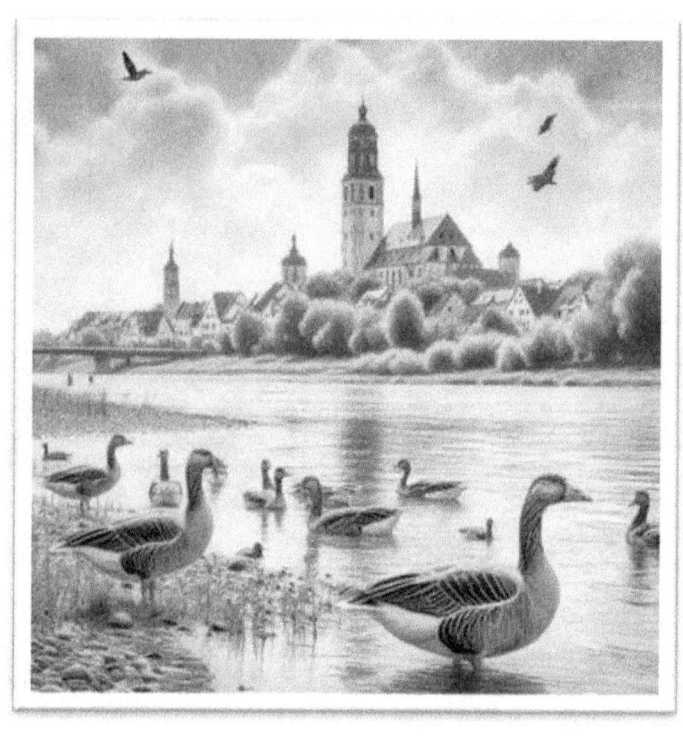

Gans /

Jaas

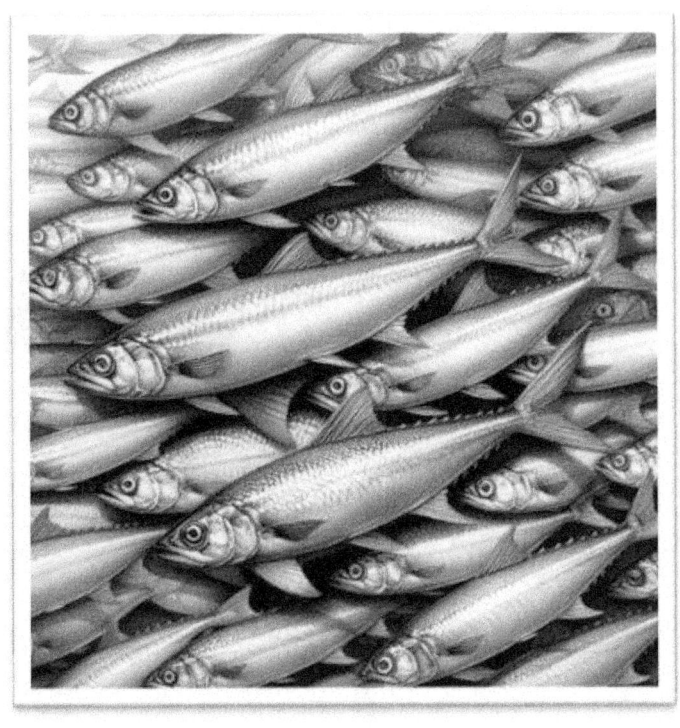

Hering /
Herring

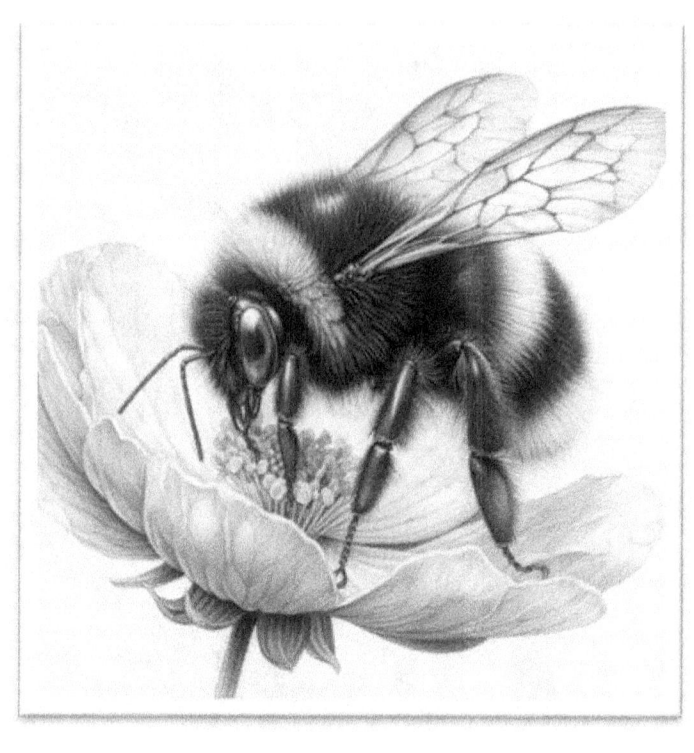

Hummel / Humm

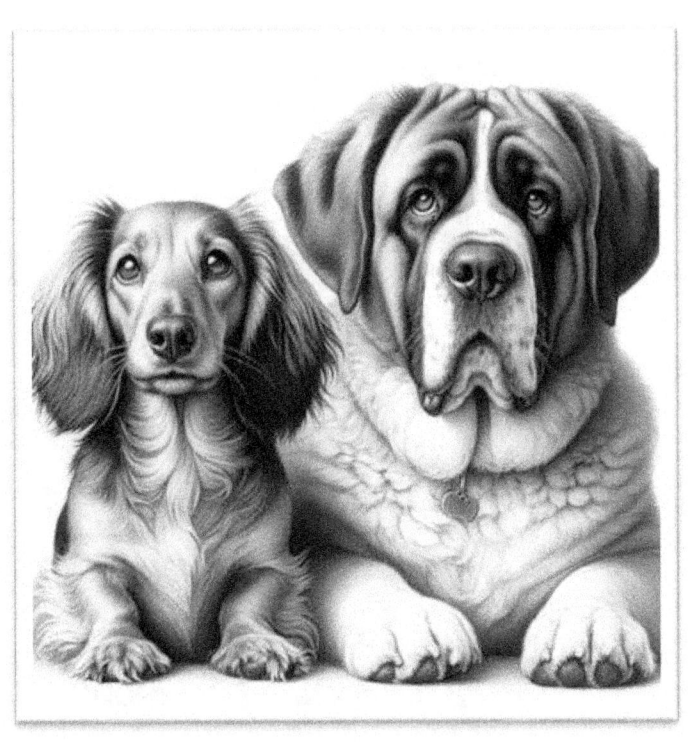

Hund /
Honk

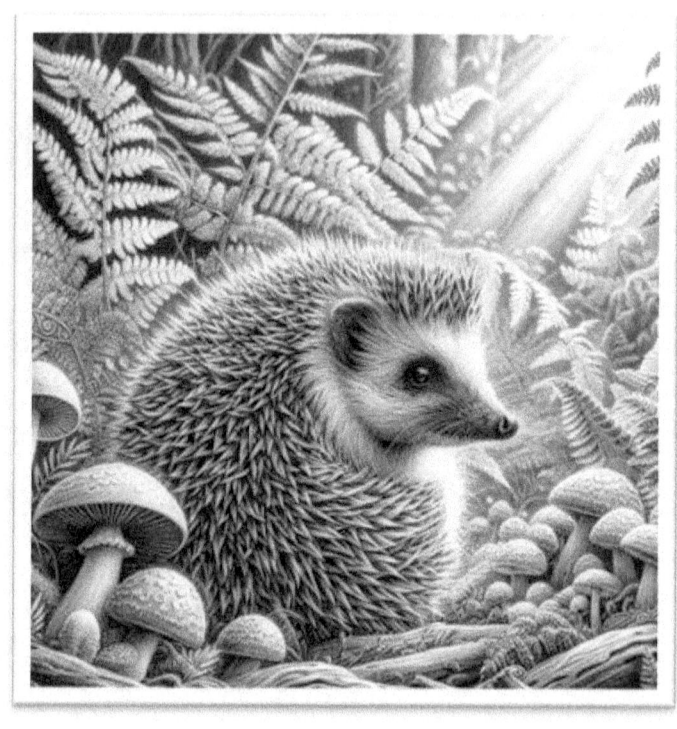

Igel /
Ijel

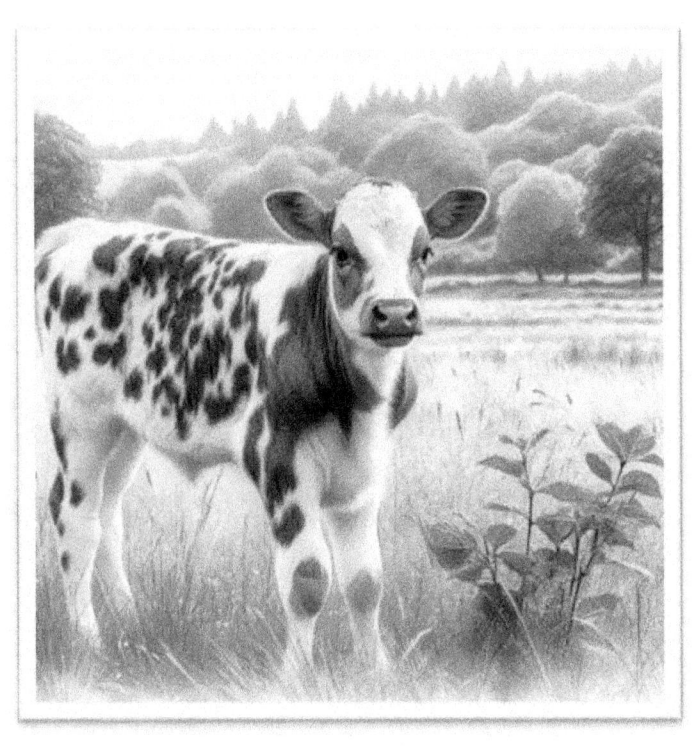

Kalb /
Kalv

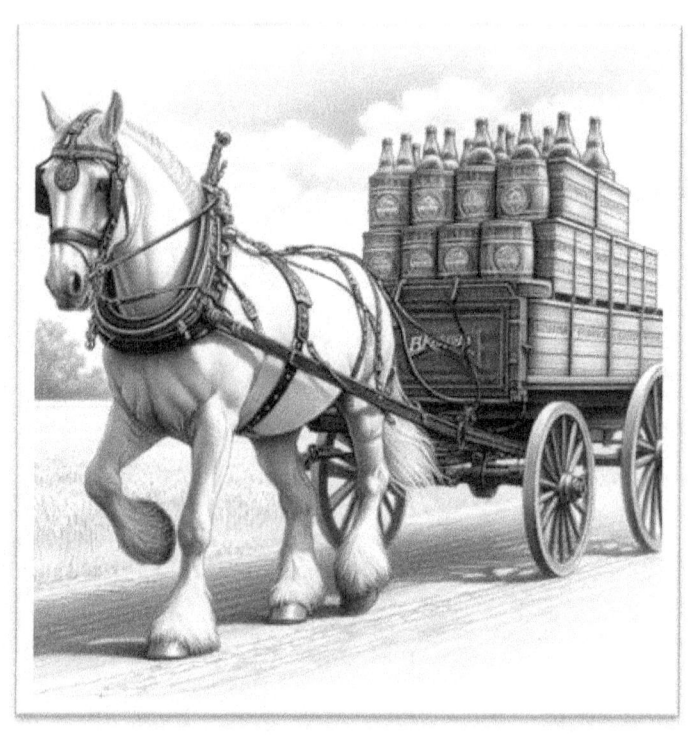

Kaltblüter / Rhenaniapeärd

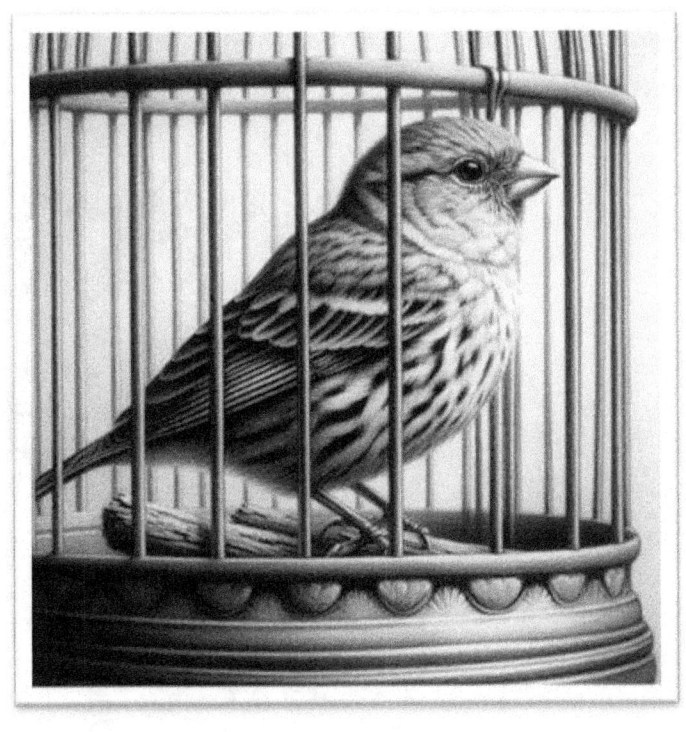

Kanarienvogel /
Kanarieevuorel

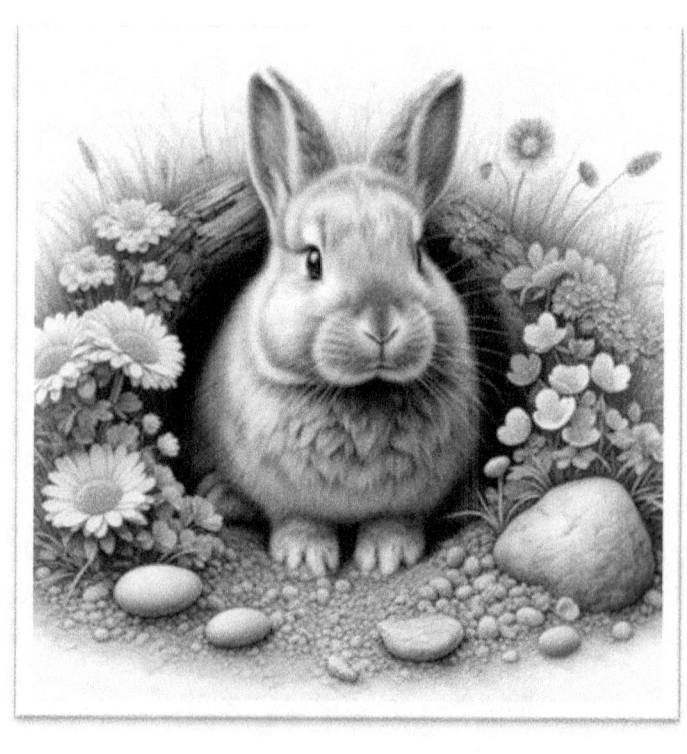

Kaninchen / Wippnäske

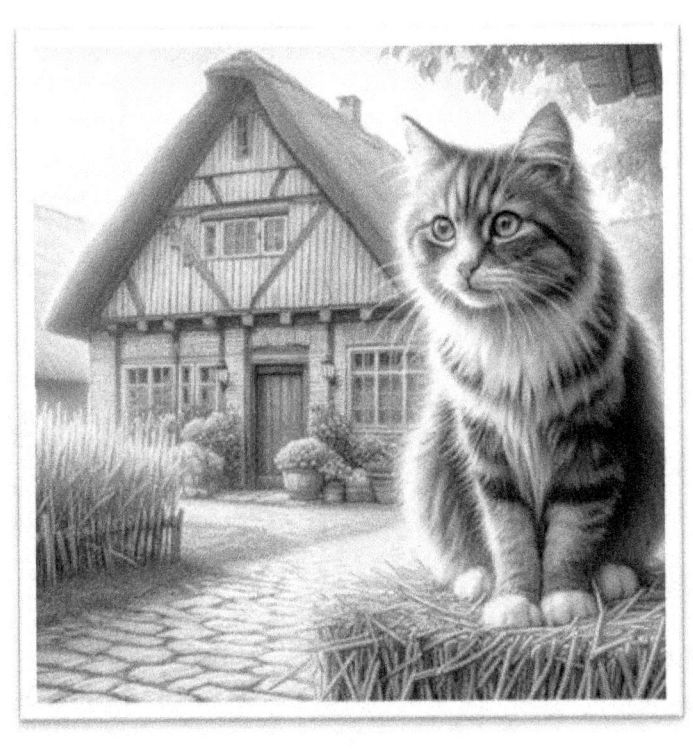

Katze / Mimm

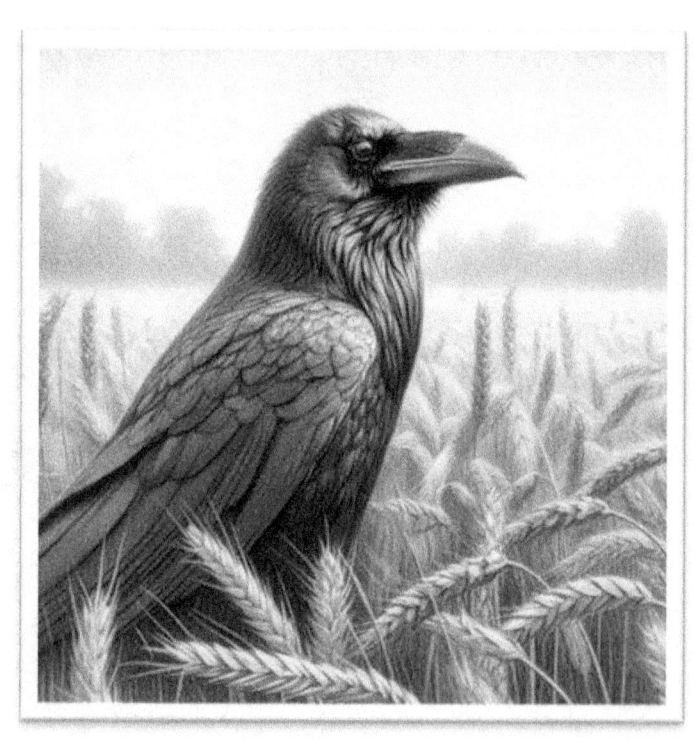

Krähe /
Krei

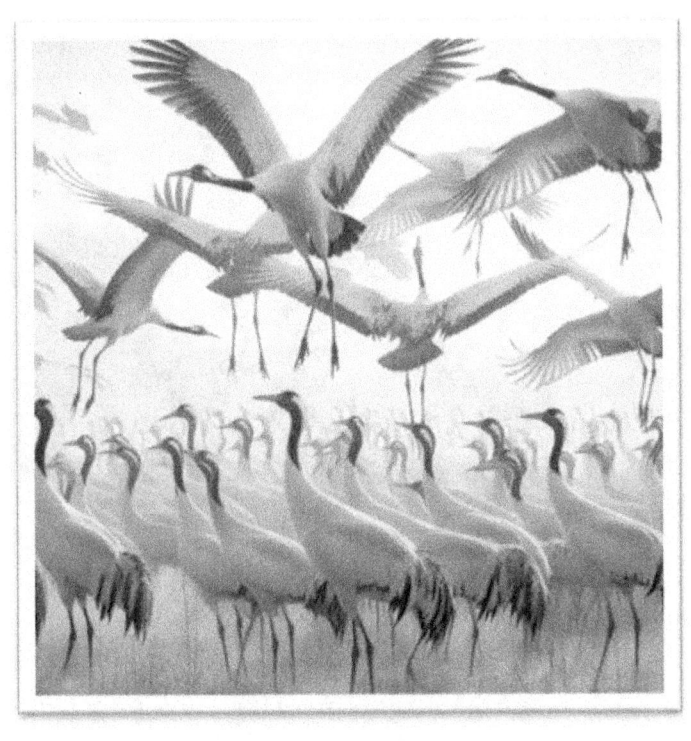

Kraniche / Krooenekraane

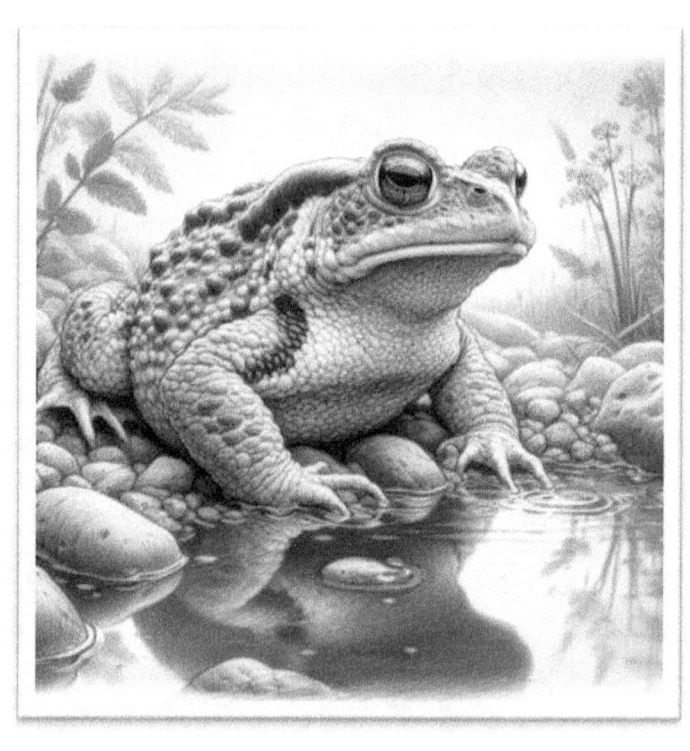

Kröte / Pedd

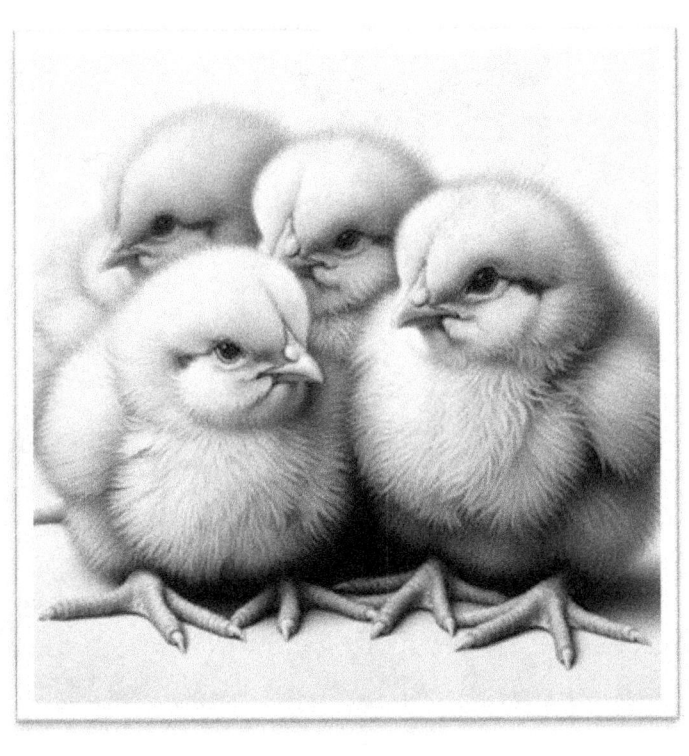

Küken /
Tückskes

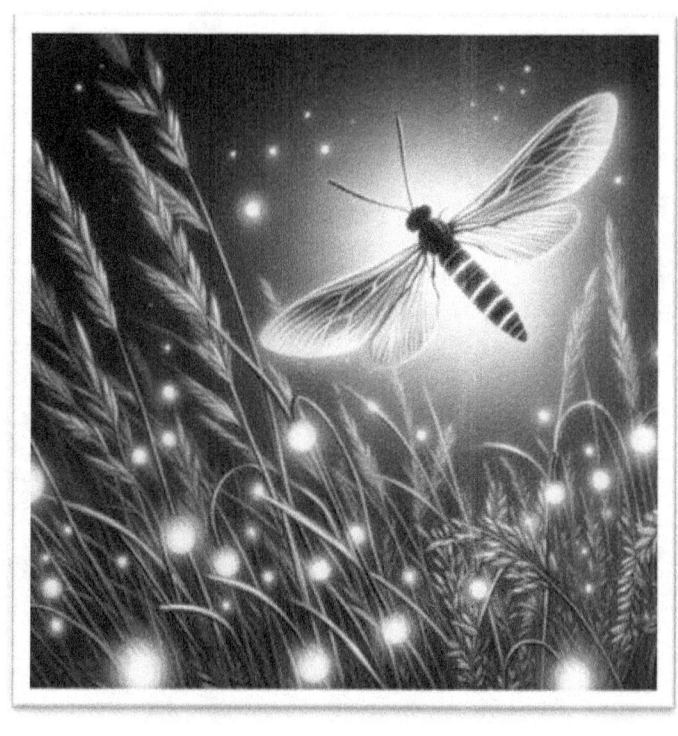

Leuchtkäfer / Joddeslämpke

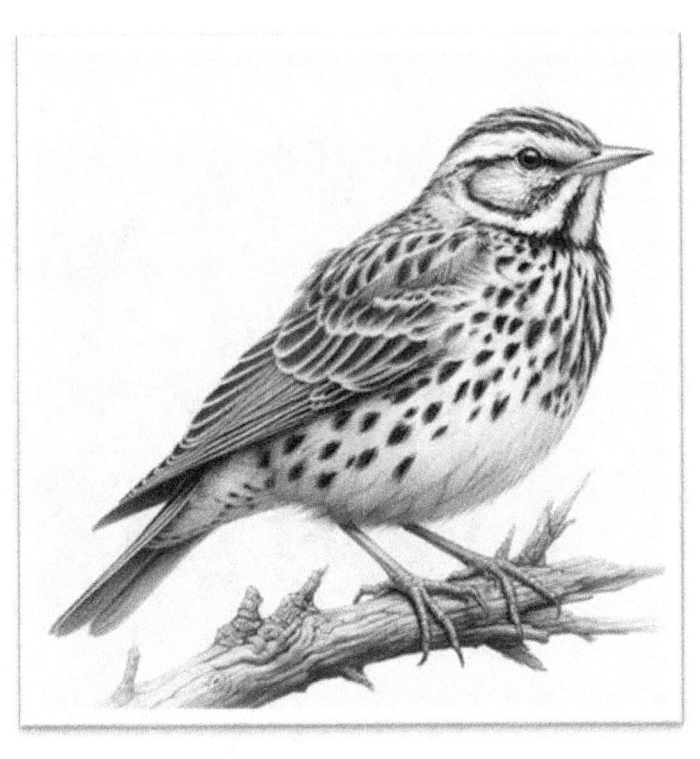

Lerche /
Lewerink

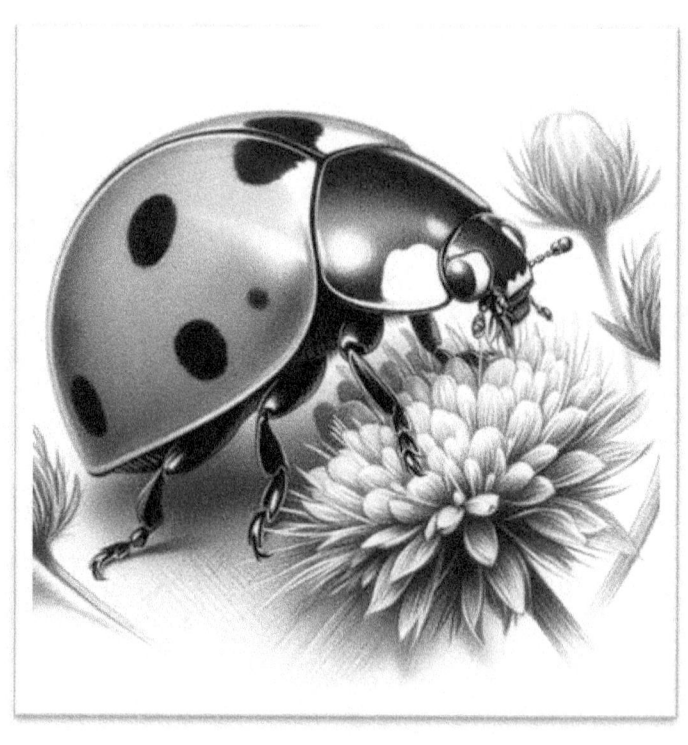

Marienkäfer / Flimmflämmke

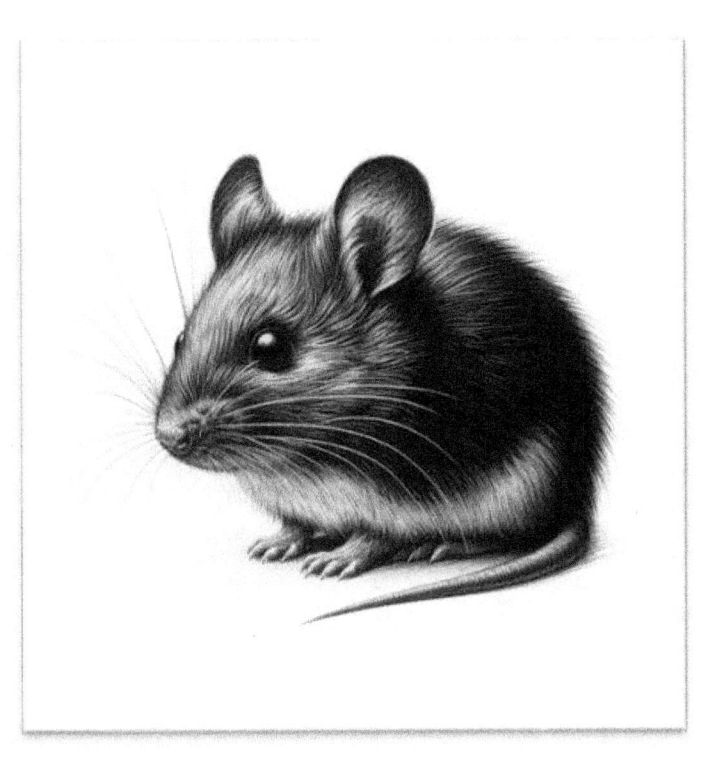

Maus /

Muus

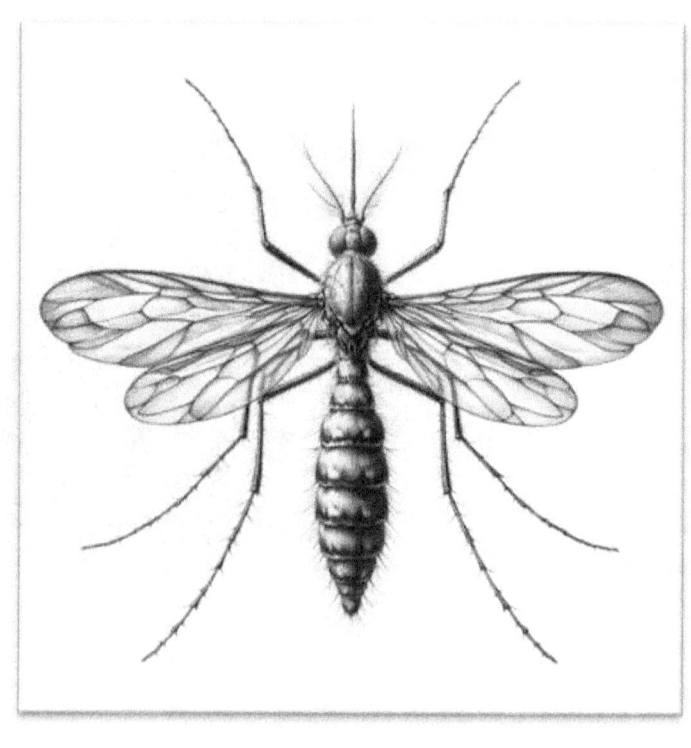

Mücke /
Möck

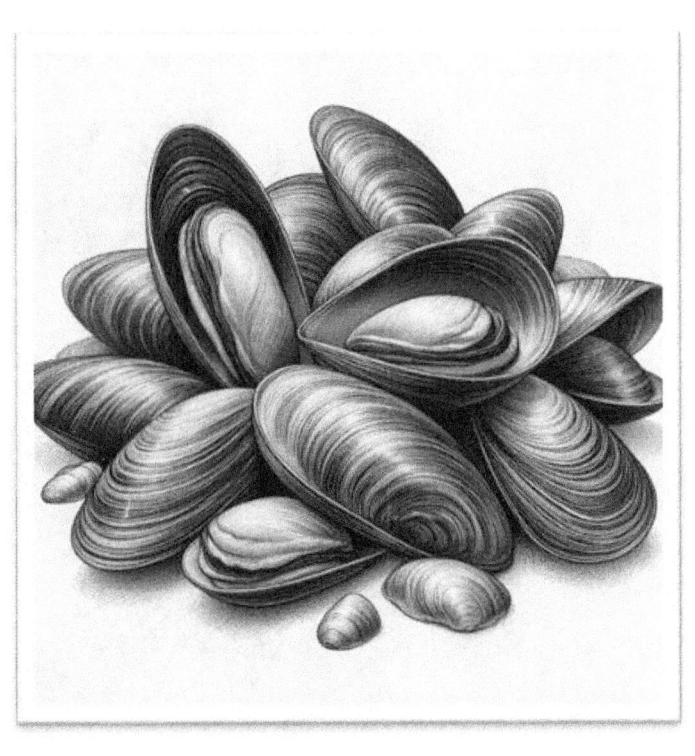

Muschel / Moschel

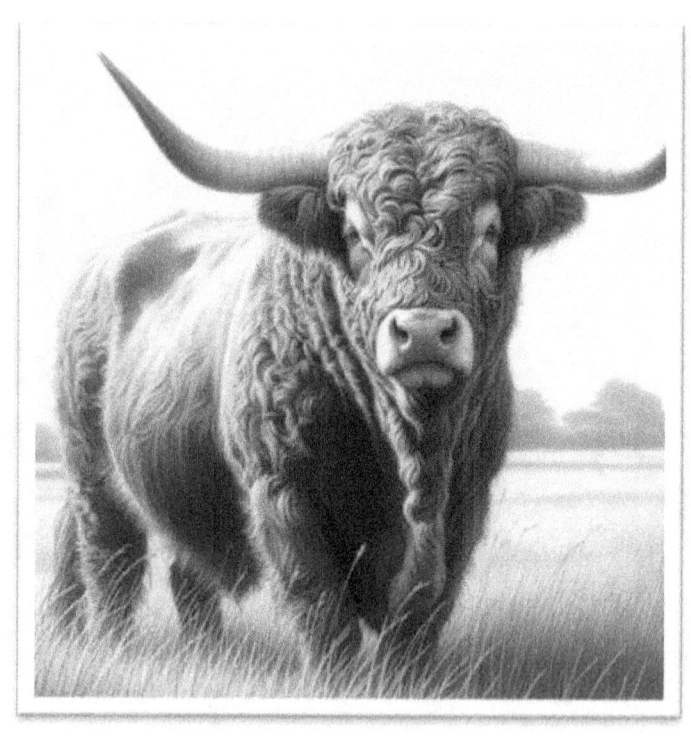

Ochse /
Ooeß

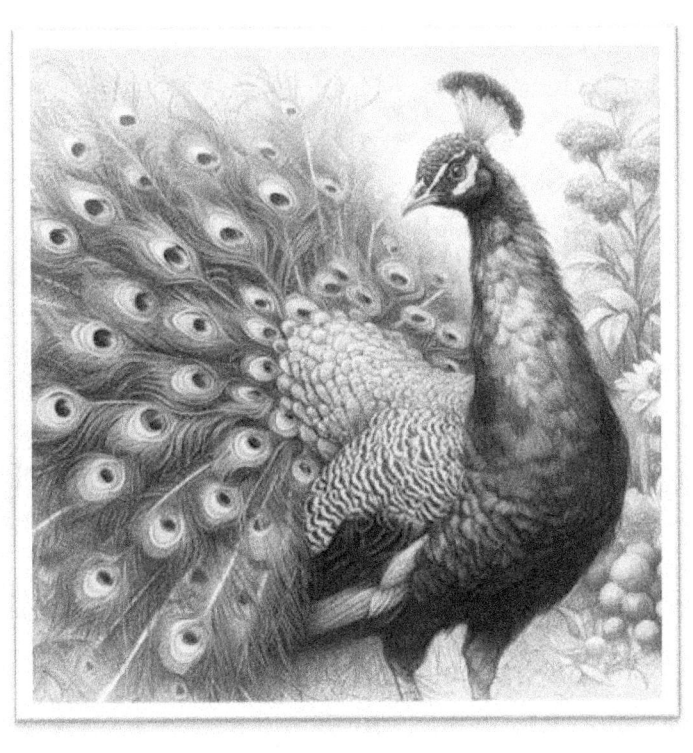

Pfau /
Pau

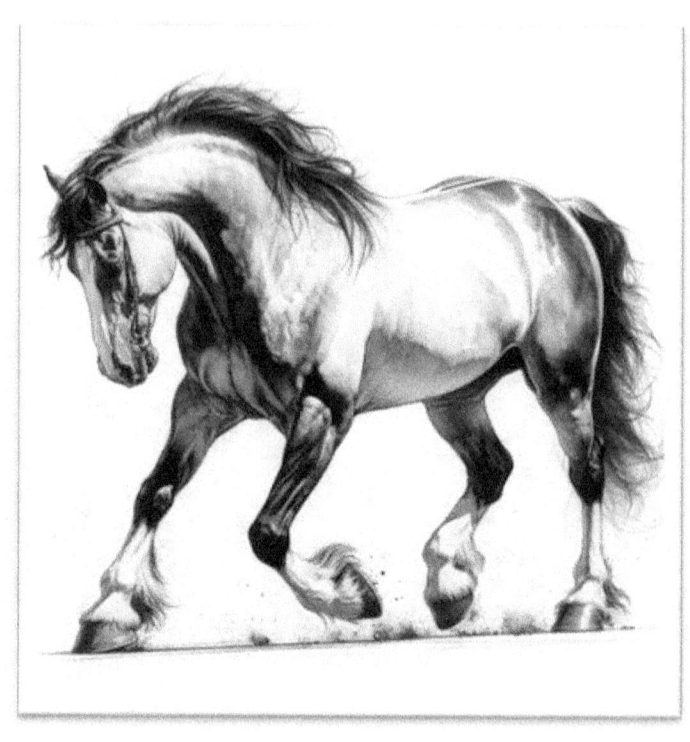

Pferd /
Peärd

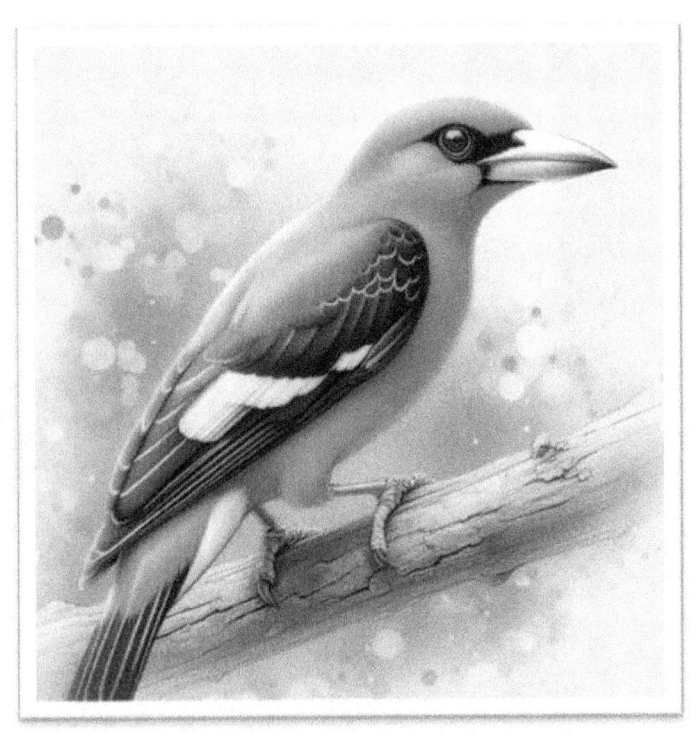

Pirol / Pengsvuorel

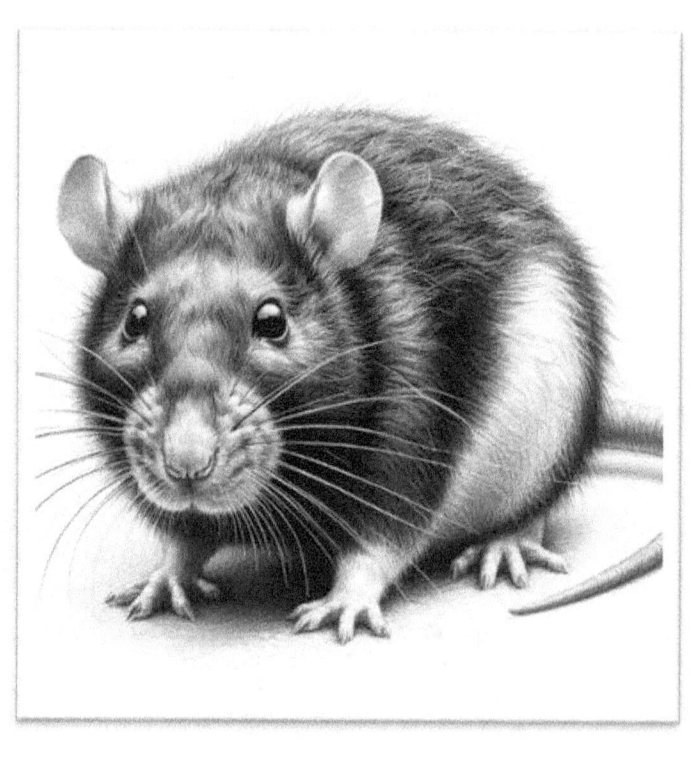

Ratte / Ratt

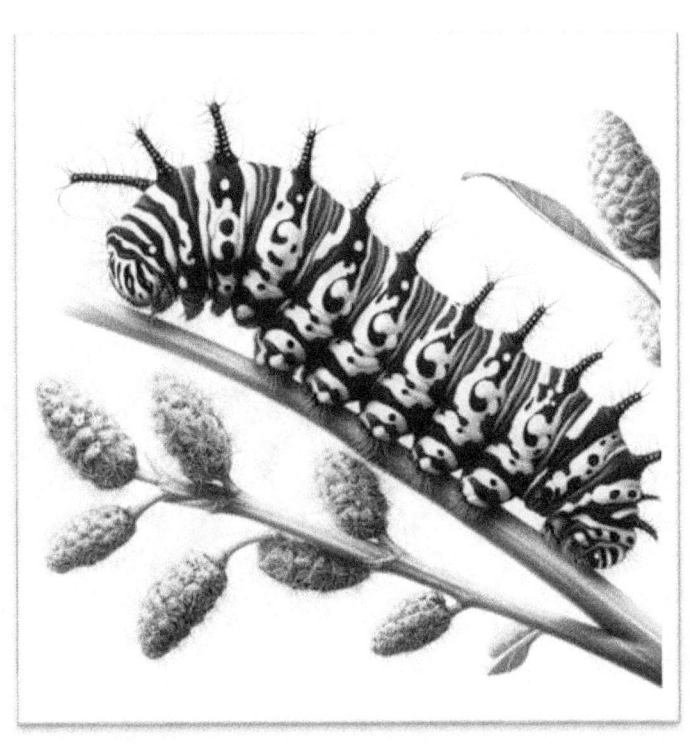

Raupe /
Ruup

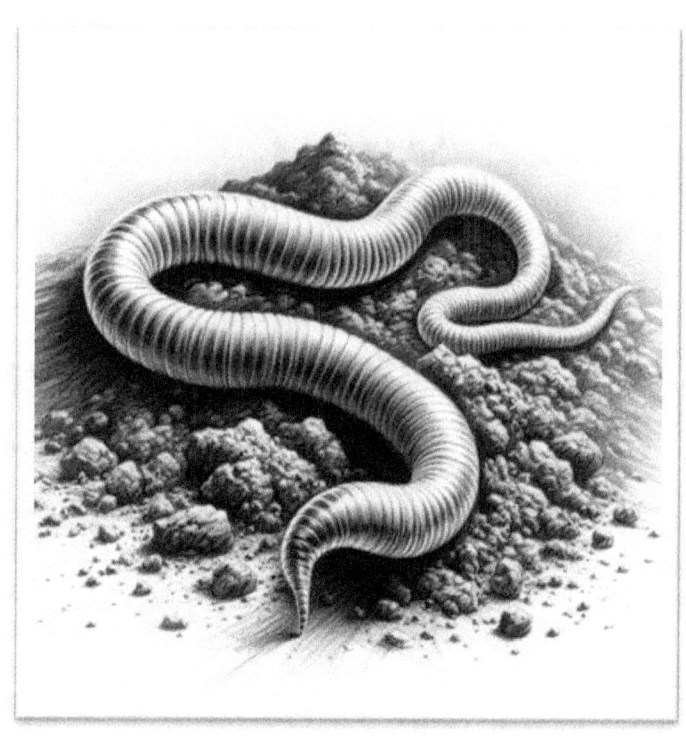

Regenwurm / Pirk

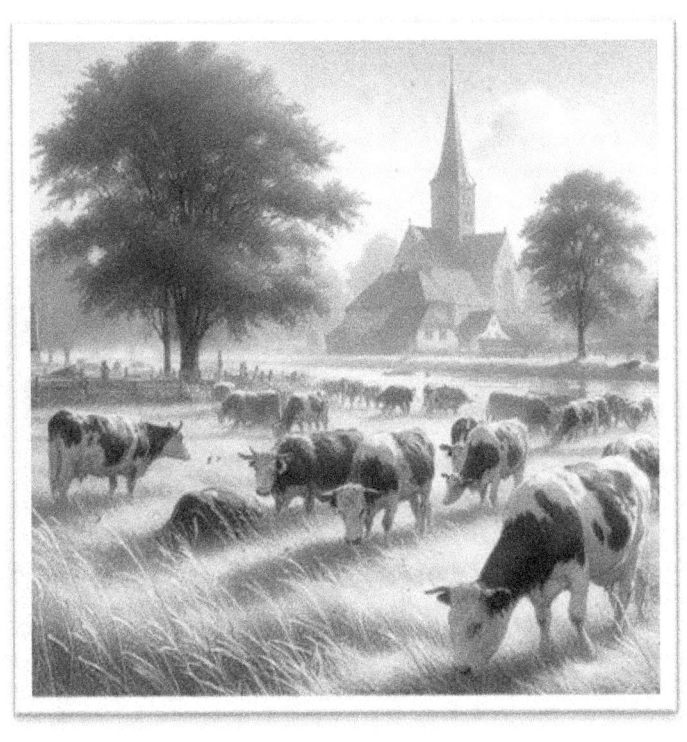

Rind / Renk

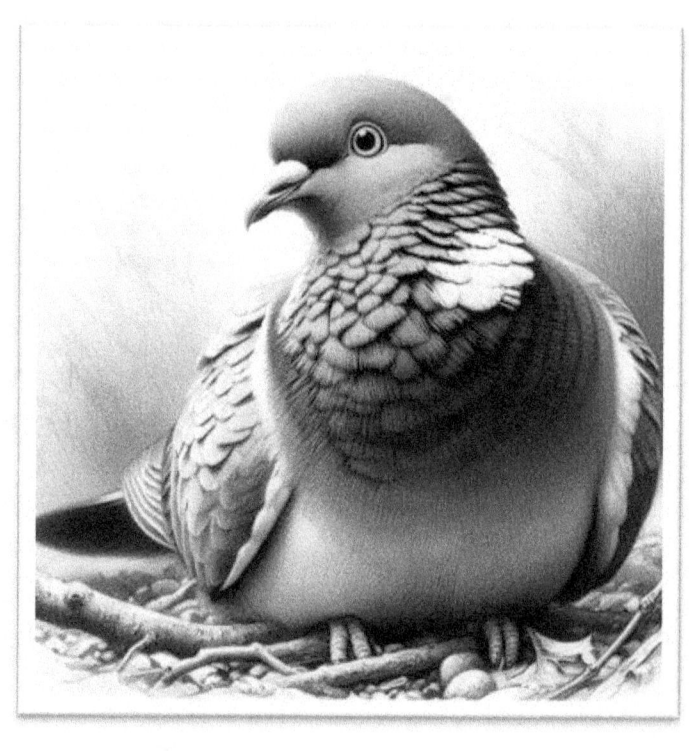

Ringeltäubchen / Rengeldüvvke

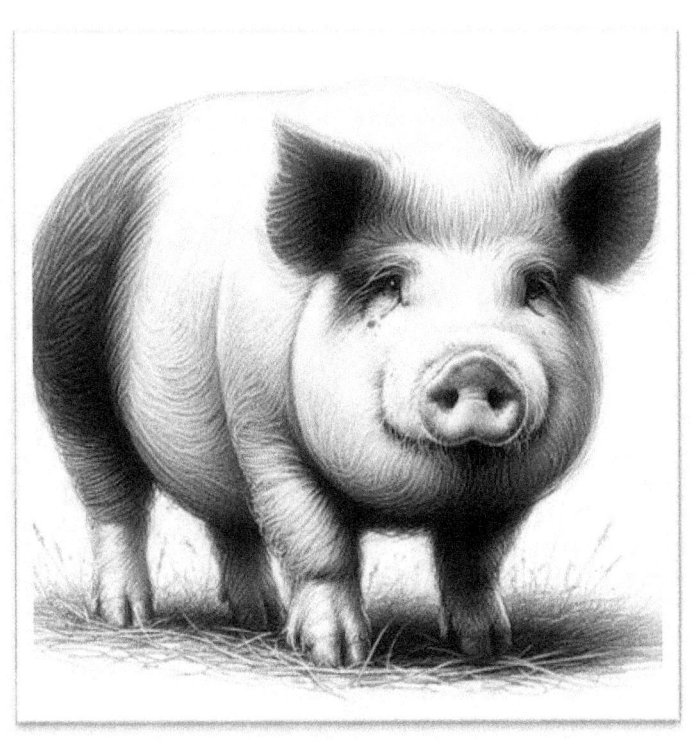

Sau /

Kusch

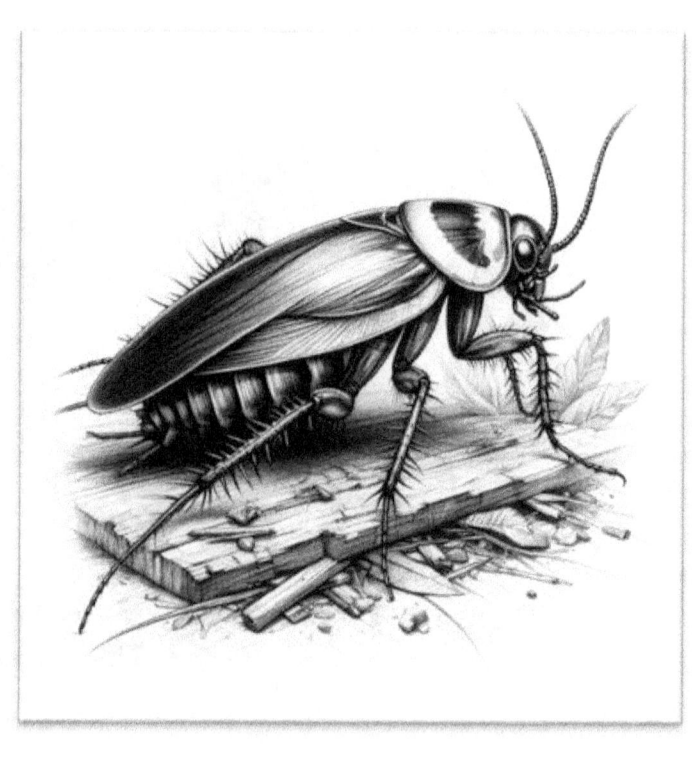

Schabe / Schav

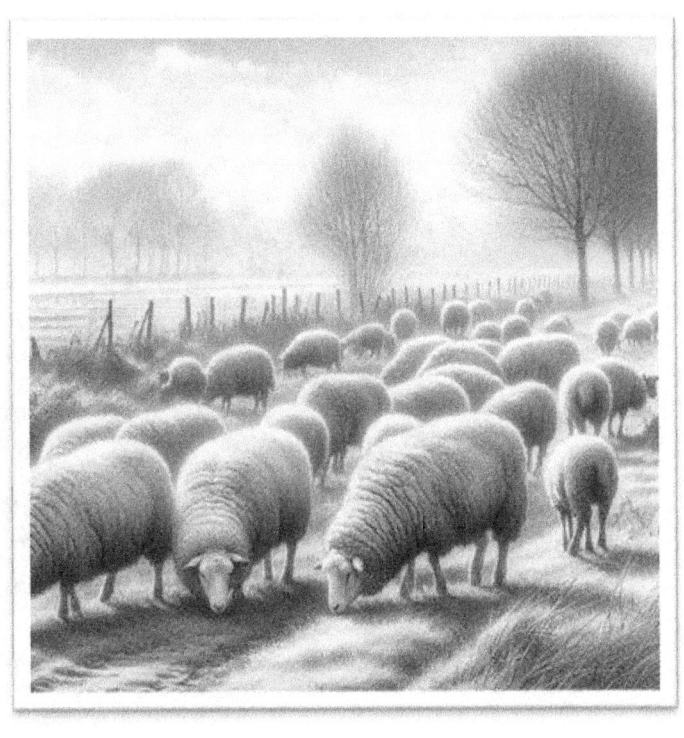

Schaf /

Schooep

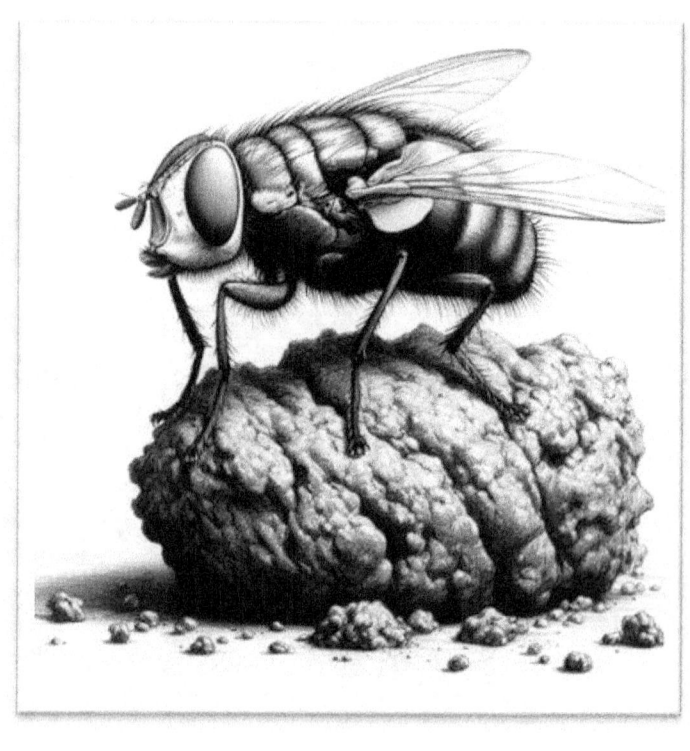

Schmeißfliege / Drieetfleeg

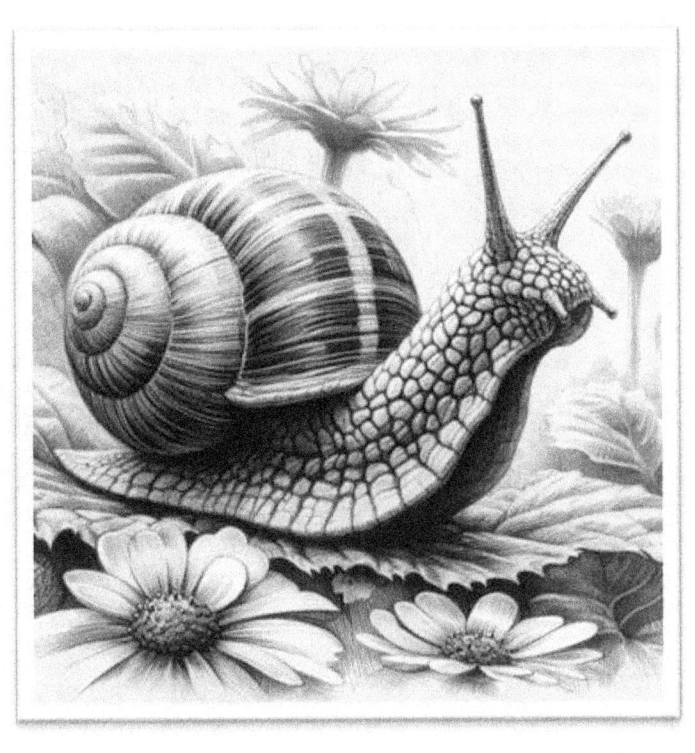

Schnecke /
Schleck

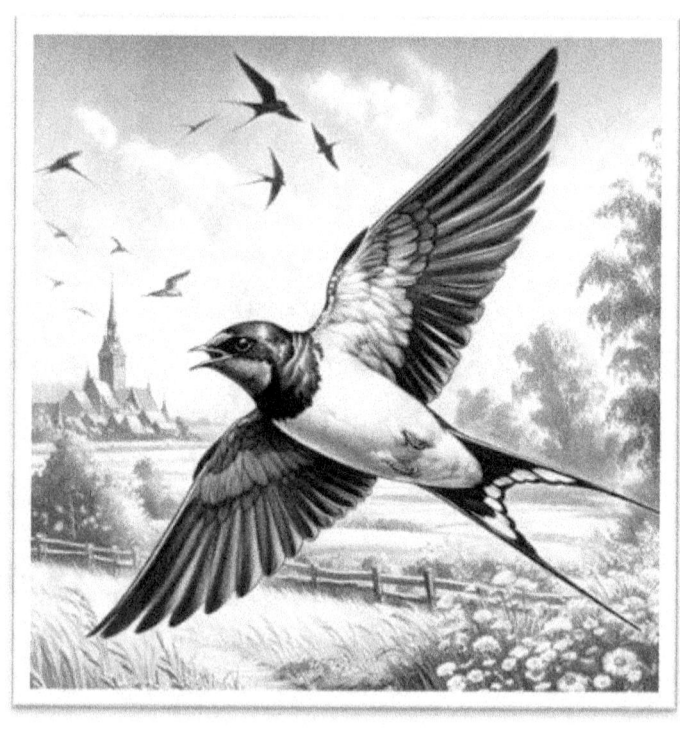

Schwalbe / Schwälv

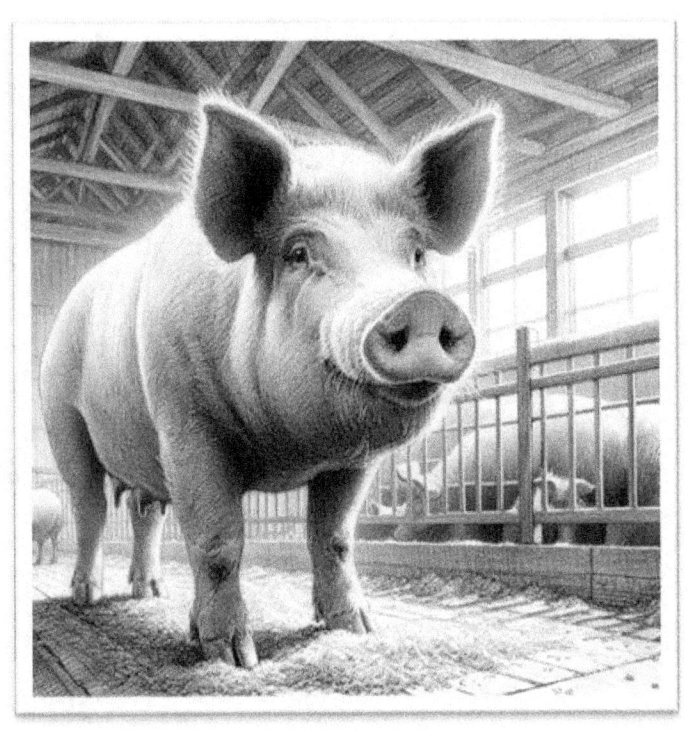

Schwein / Ferke

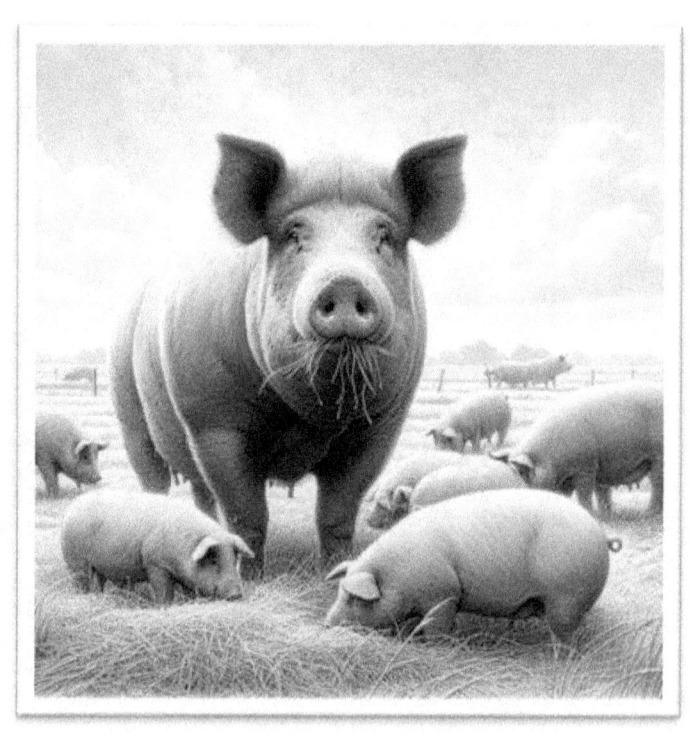

Schweine / Pögge

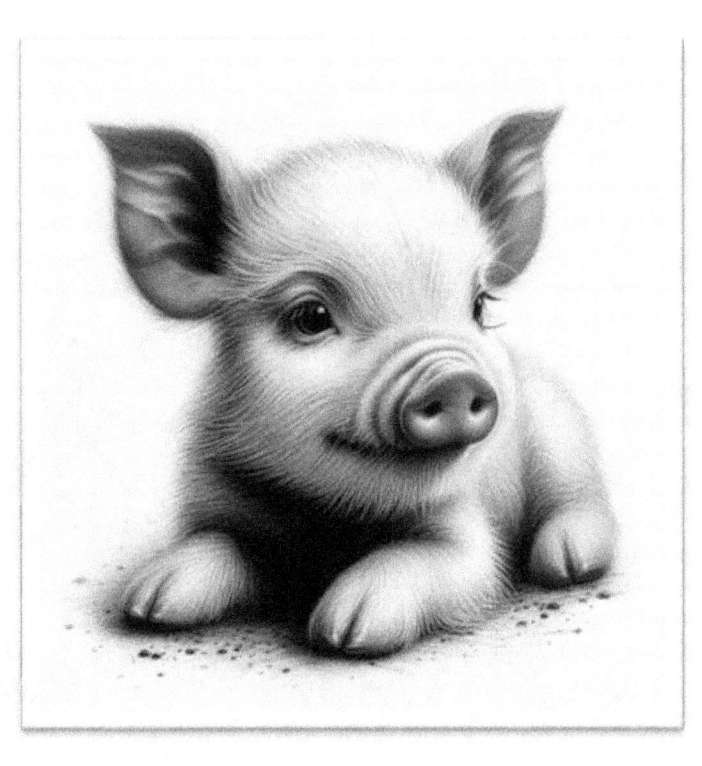

Schweinchen / Pöggske

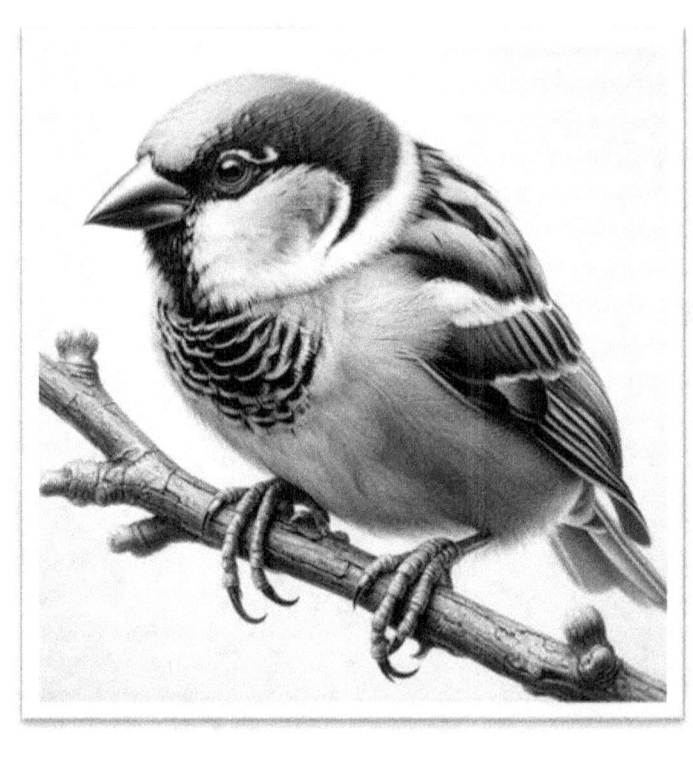

Spatz / Mösch

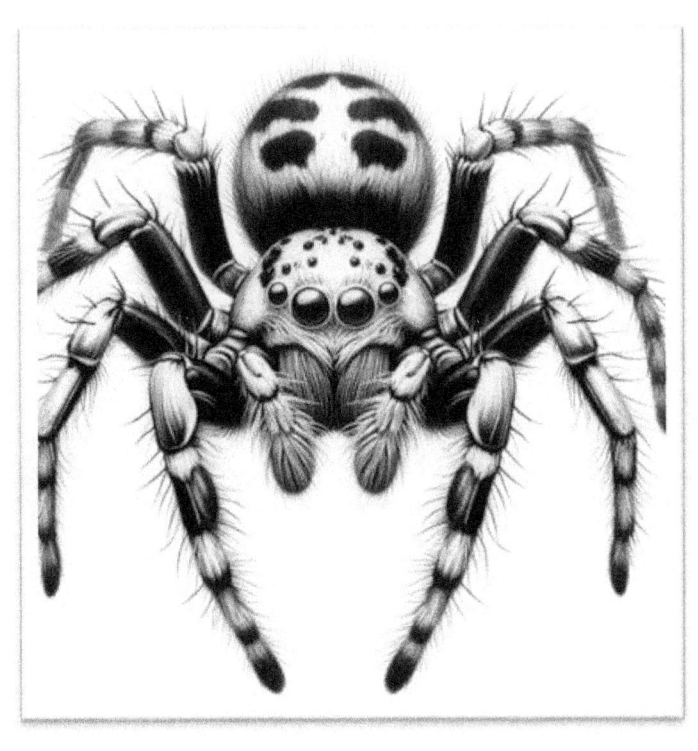

Spinne / Spenn

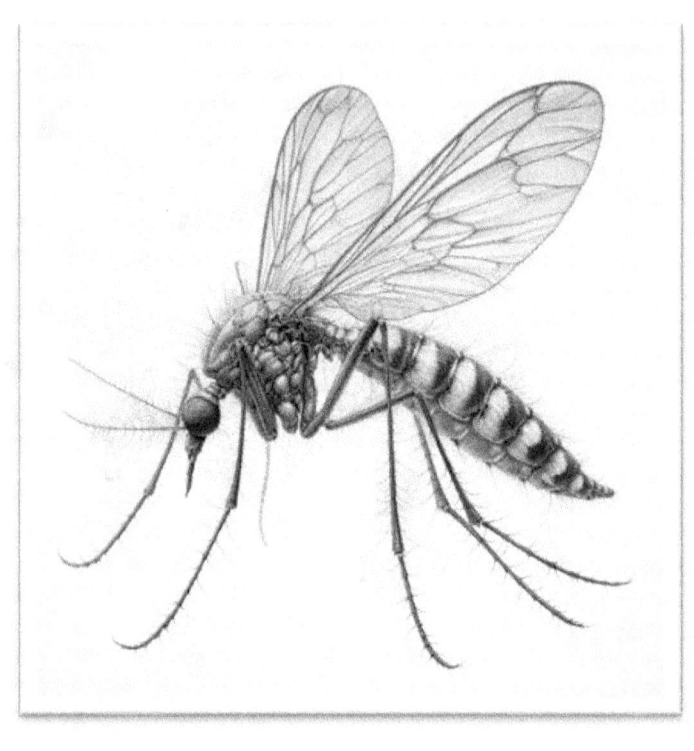

Stechmücke / Schnaak

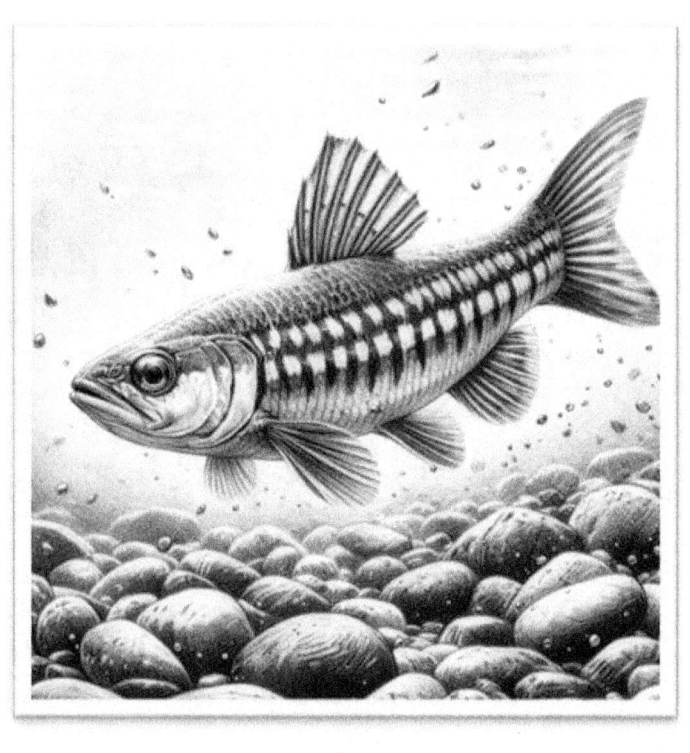

Stichling / Steckerling

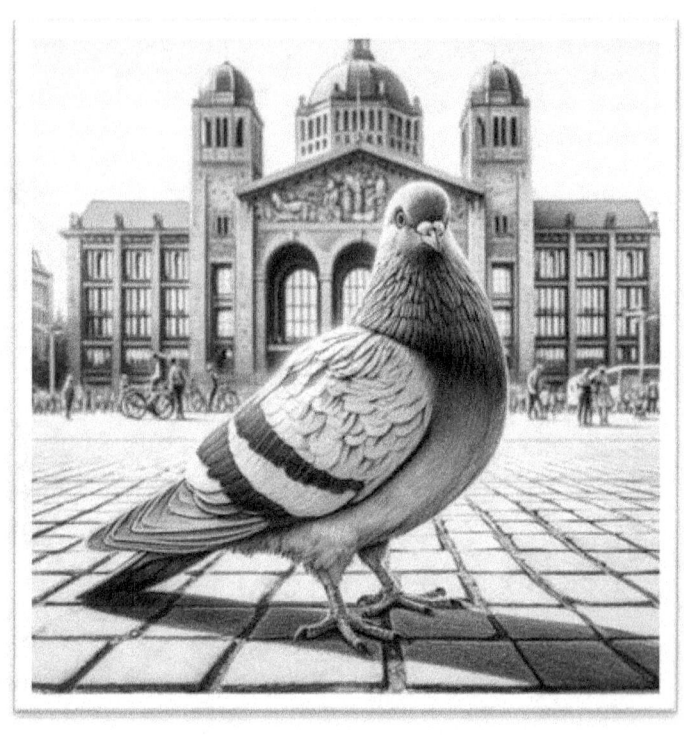

Taube / Duv

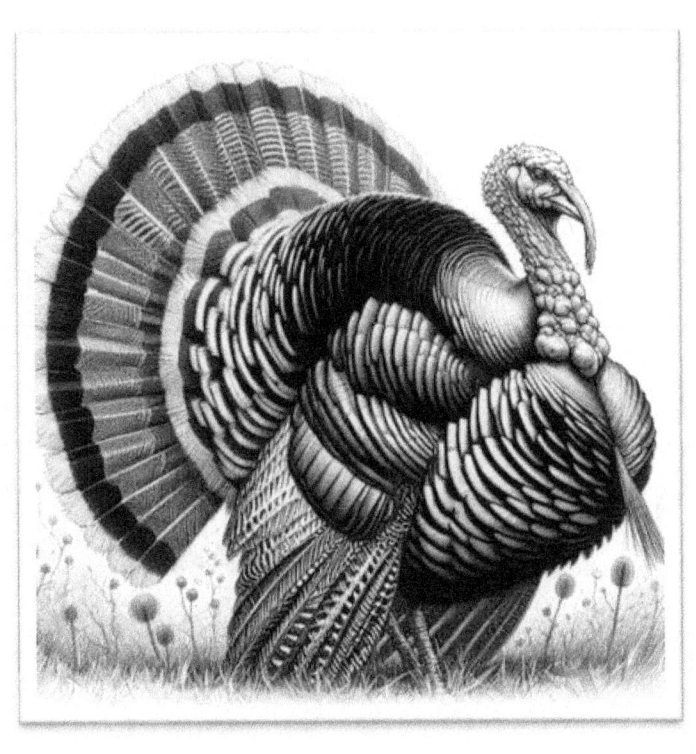

Truthahn / Schruthahn

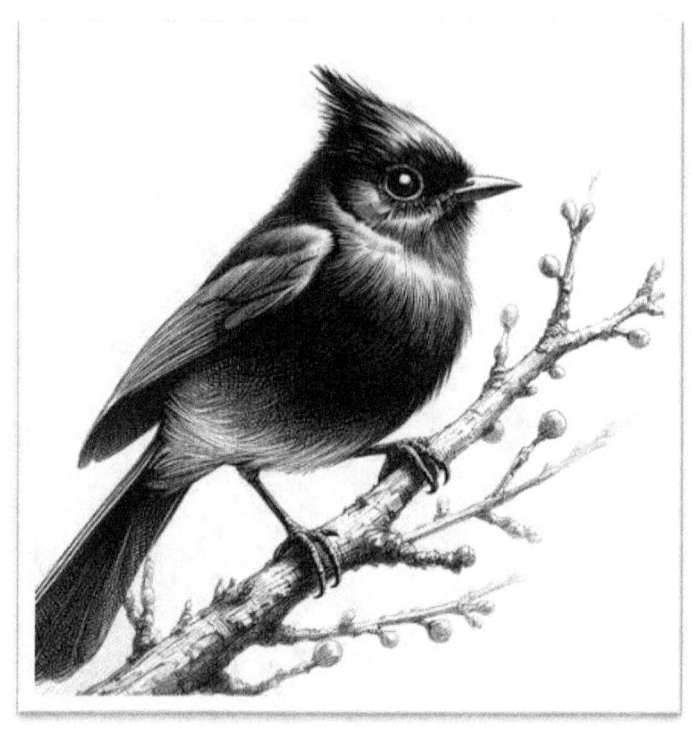

Vogel /
Vuorel

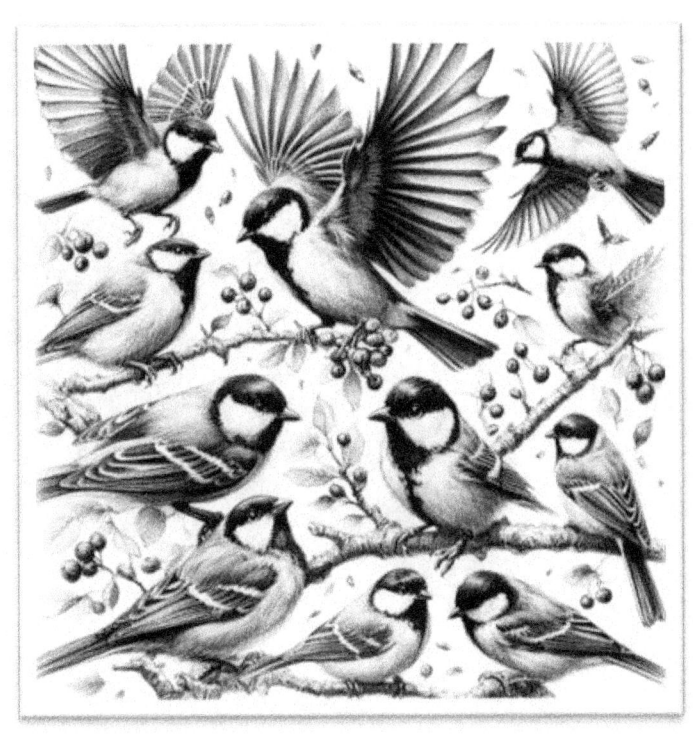

Vögel /
Vüejel

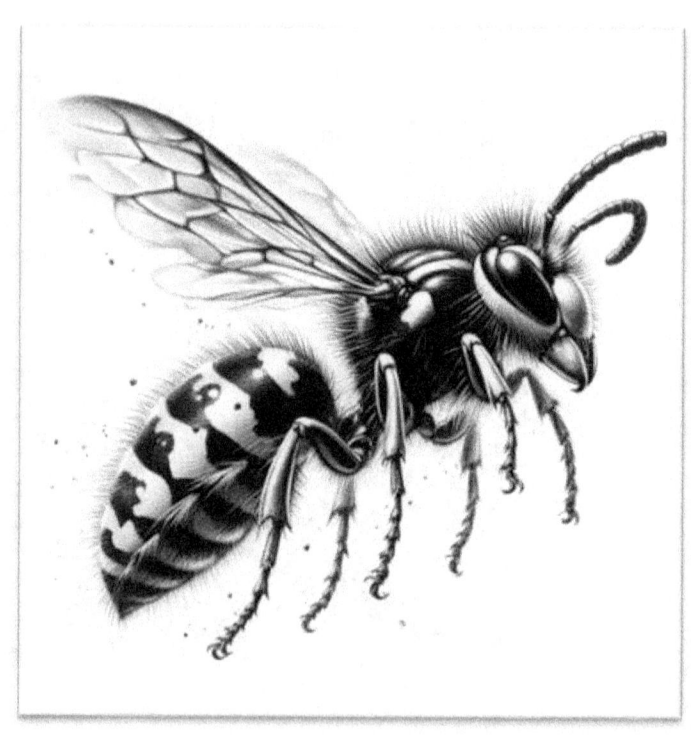

Wespe / Wepsch

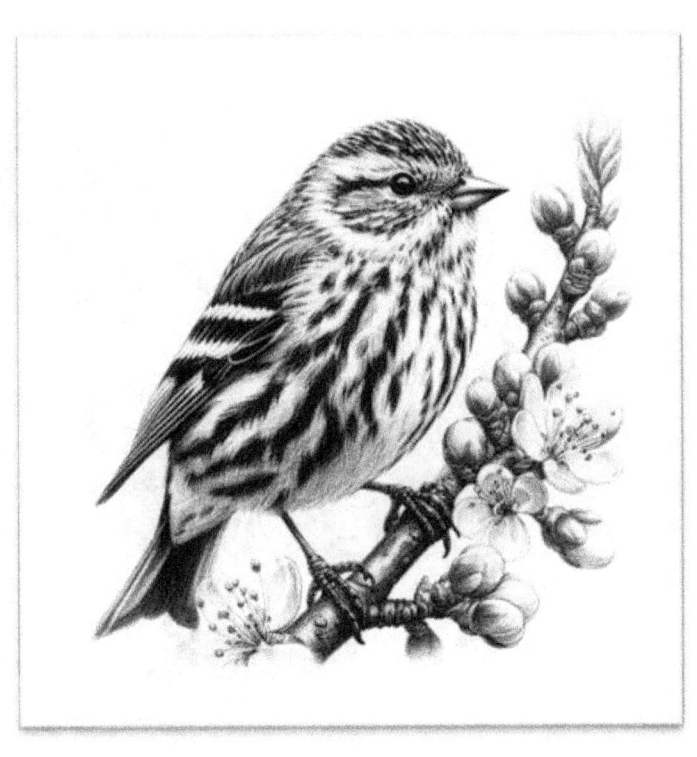

Zeisig / Ziss

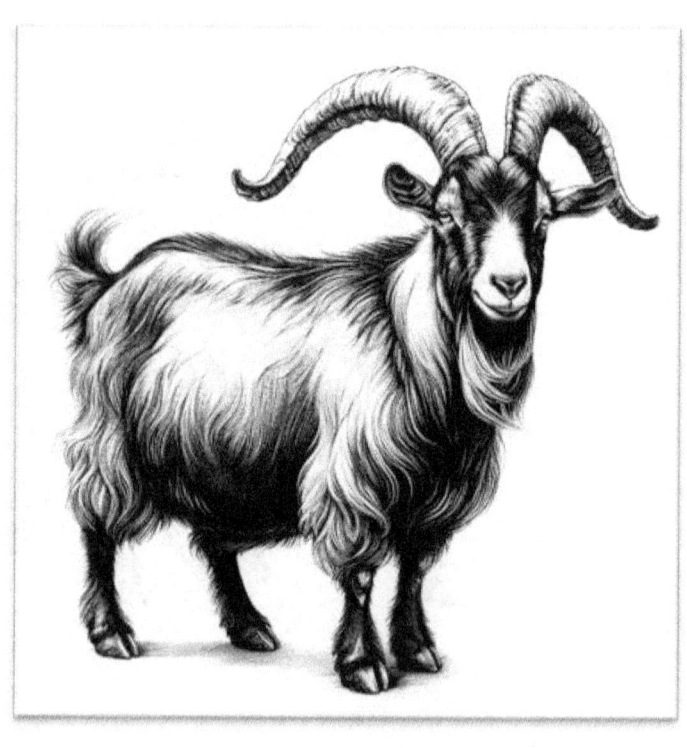

Ziege / Jieet

Krieewelsch lernen mit Kreuzworträtseln

Vokabeln oder neue Wörter lernt man am besten, indem man eine Art **Vokabeltest** schreibt: Der soll hier natürlich Spaß machen! Deshalb werden alle Tiernamen im Rahmen einiger **Kreuzworträtsel** abgefragt. Damit die Rätsel überschaubar bleiben, enthält jedes nur wenige der gesuchten Namen.

Recycling bedenken: Es empfiehlt sich, die Rätsel mit **Bleistift** auszufüllen – dann kann jemand einfach radieren und der Nächste sich am Rätsel versuchen.

Bei den Kreuzworträtseln muss der gesuchte Begriff waagerecht oder senkrecht eingetragen werden: Pfeile beachten! ➡ / ⬇

Zu jedem der kleinen Rätsel gibt es natürlich auch eine **Auflösung**: Die steht jeweils auf der Rückseite des Blattes, auf dem das Rätsel abgedruckt ist.

Also: Nicht schummeln!

Und: Viel Spaß beim Knobeln!

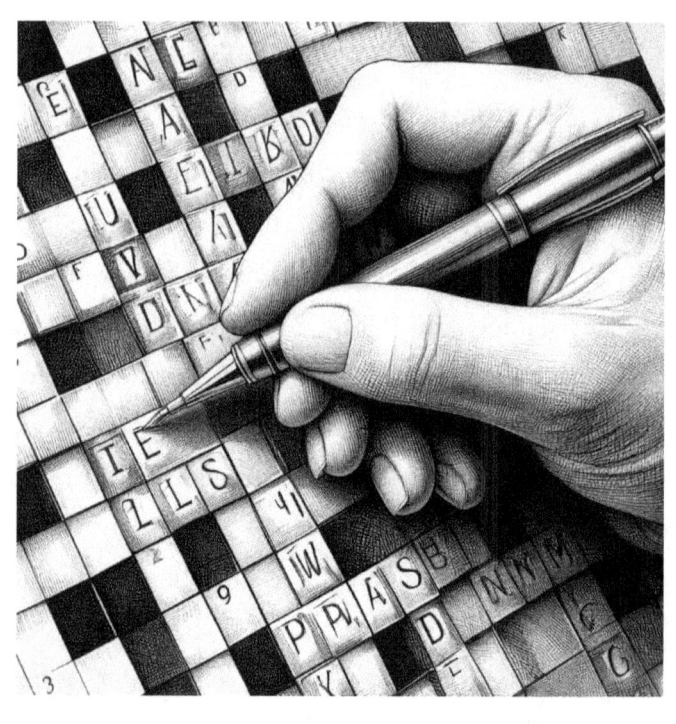

raten /

rooene

Kreuzworträtsel #1:

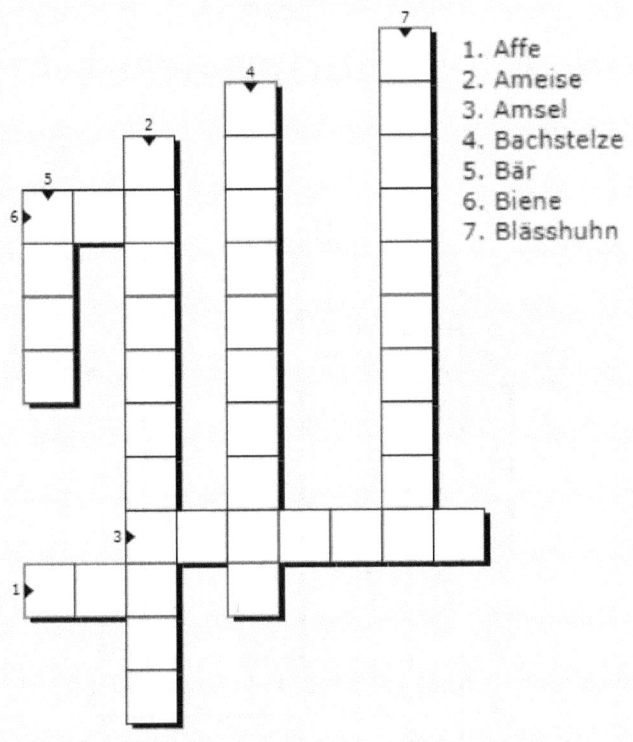

1. Affe
2. Ameise
3. Amsel
4. Bachstelze
5. Bär
6. Biene
7. Blässhuhn

Krieewelsche Begriffe in Pfeilrichtung eintragen: ▼ / ▶

[Umlaute schreiben sich Ä, Ö und Ü – anders als sonst im Kreuzworträtsel. Neue Begriffe lernt man nicht gut, wenn man sie als Erstes umschreibt.]

Lösungen zum Kreuzworträtsel #1:

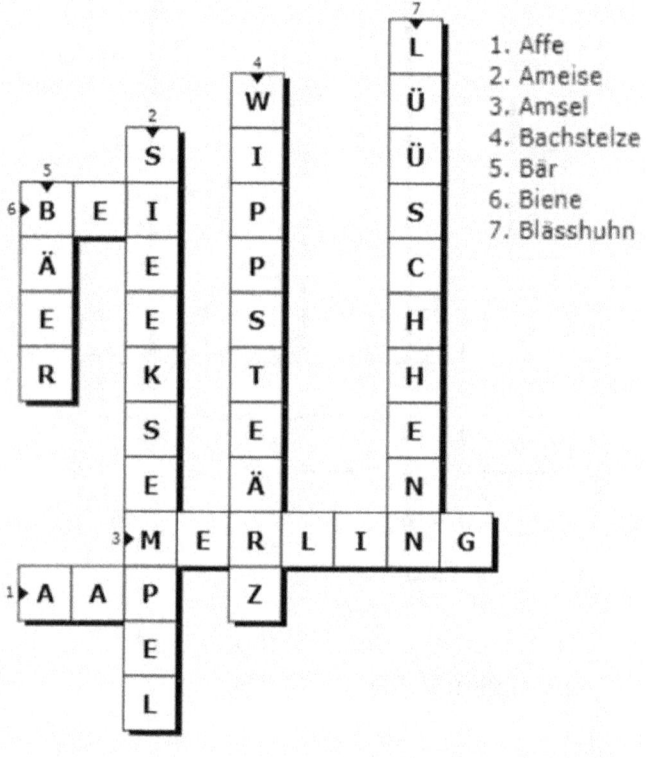

Kreuzwortratsel #2:

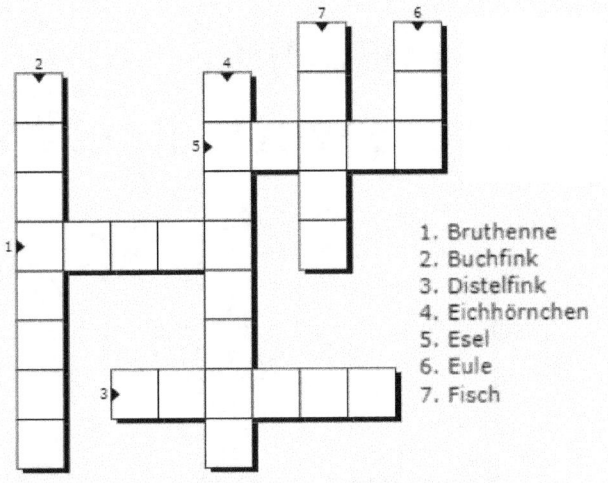

1. Bruthenne
2. Buchfink
3. Distelfink
4. Eichhörnchen
5. Esel
6. Eule
7. Fisch

Krieewelsche Begriffe in Pfeilrichtung eintragen: ▼ / ▶

[Umlaute schreiben sich Ä, Ö und Ü – anders als sonst im Kreuzworträtsel. Neue Begriffe lernt man nicht gut, wenn man sie als Erstes umschreibt.]

Lösungen zum Kreuzworträtsel #2:

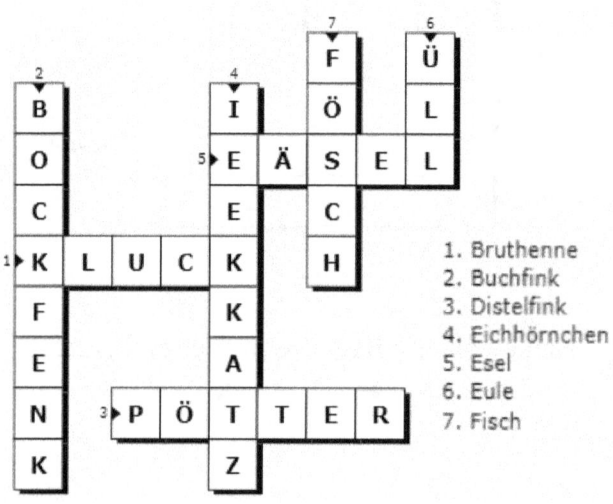

1. Bruthenne
2. Buchfink
3. Distelfink
4. Eichhörnchen
5. Esel
6. Eule
7. Fisch

Kreuzworträtsel #3:

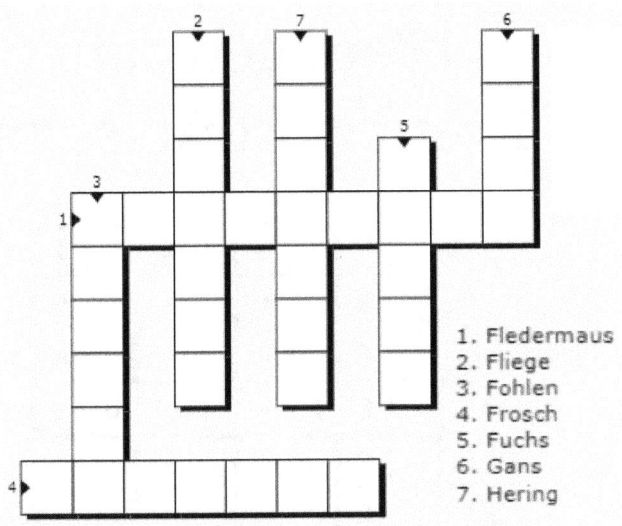

1. Fledermaus
2. Fliege
3. Fohlen
4. Frosch
5. Fuchs
6. Gans
7. Hering

Krieewelsche Begriffe in Pfeilrichtung eintragen: ▼ / ▶

[Umlaute schreiben sich Ä, Ö und Ü – anders als sonst im Kreuzworträtsel. Neue Begriffe lernt man nicht gut, wenn man sie als Erstes umschreibt.]

Lösungen zum Kreuzworträtsel #3:

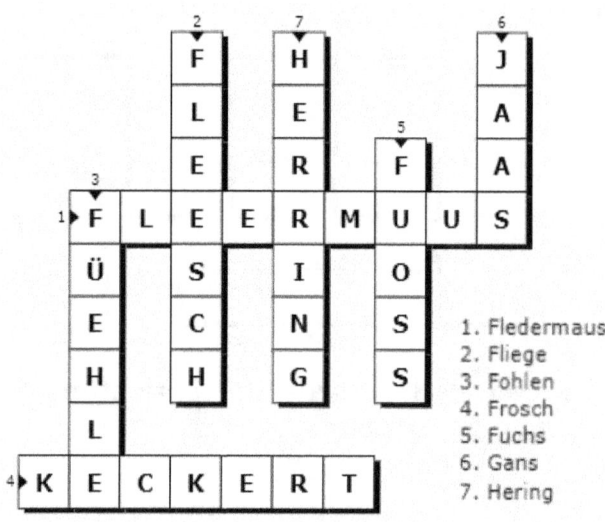

1. Fledermaus
2. Fliege
3. Fohlen
4. Frosch
5. Fuchs
6. Gans
7. Hering

Kreuzworträtsel #4:

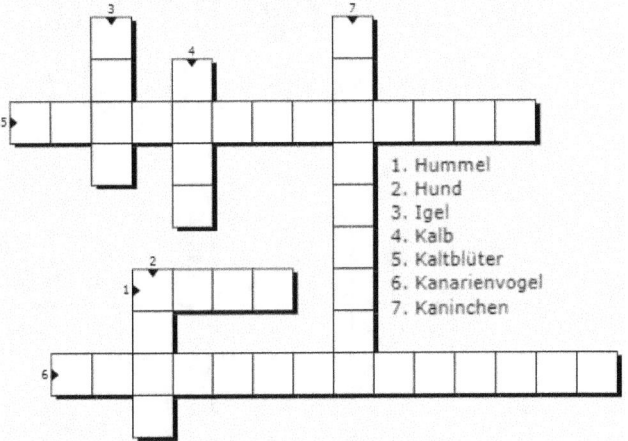

1. Hummel
2. Hund
3. Igel
4. Kalb
5. Kaltblüter
6. Kanarienvogel
7. Kaninchen

Krieewelsche Begriffe in Pfeilrichtung eintragen: ▼ / ▶

[Umlaute schreiben sich Ä, Ö und Ü – anders als sonst im Kreuzworträtsel. Neue Begriffe lernt man nicht gut, wenn man sie als Erstes umschreibt.]

Lösungen zum Kreuzworträtsel #4:

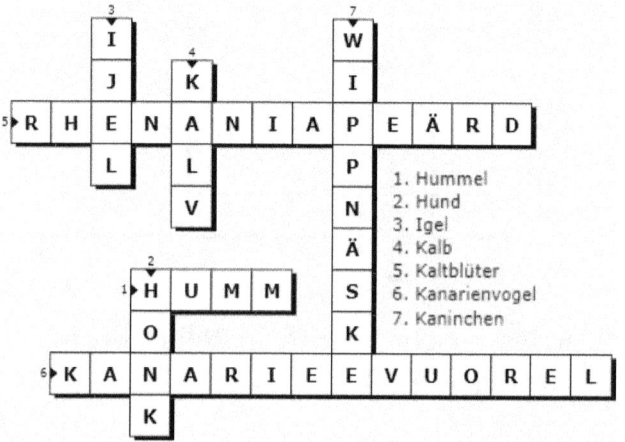

Kreuzworträtsel #5:

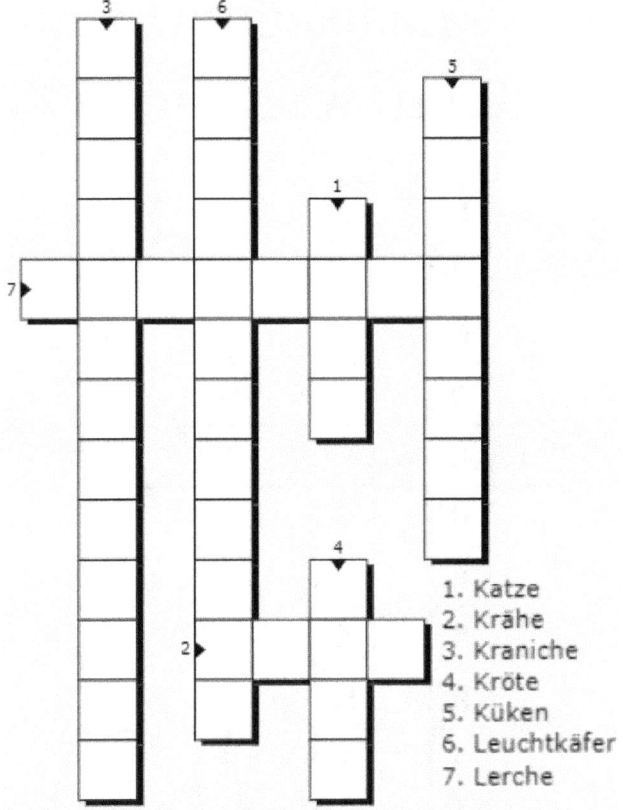

1. Katze
2. Krähe
3. Kraniche
4. Kröte
5. Küken
6. Leuchtkäfer
7. Lerche

Krieewelsche Begriffe in Pfeilrichtung eintragen: ▼ / ▶

[Umlaute schreiben sich Ä, Ö und Ü – anders als sonst im Kreuzworträtsel. Neue Begriffe lernt man nicht gut, wenn man sie als Erstes umschreibt.]

Lösungen zum Kreuzworträtsel #5:

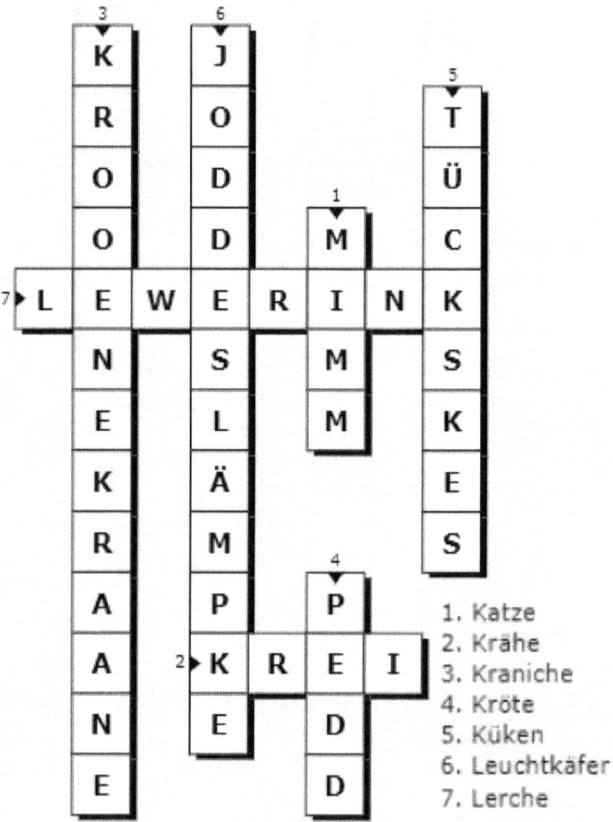

1. Katze
2. Krähe
3. Kraniche
4. Kröte
5. Küken
6. Leuchtkäfer
7. Lerche

Kreuzworträtsel #6:

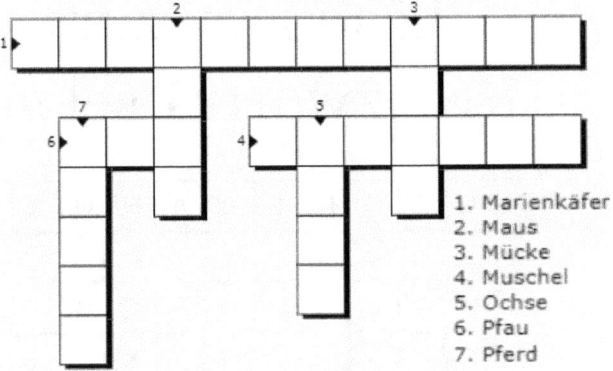

1. Marienkäfer
2. Maus
3. Mücke
4. Muschel
5. Ochse
6. Pfau
7. Pferd

Krieewelsche Begriffe in Pfeilrichtung eintragen:▼ / ▶

[Umlaute schreiben sich Ä, Ö und Ü – anders als sonst im Kreuzworträtsel. Neue Begriffe lernt man nicht gut, wenn man sie als Erstes umschreibt.]

Lösungen zum Kreuzworträtsel #6:

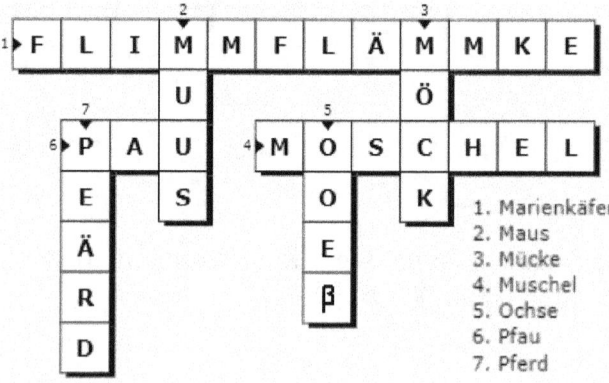

Kreuzworträtsel #7:

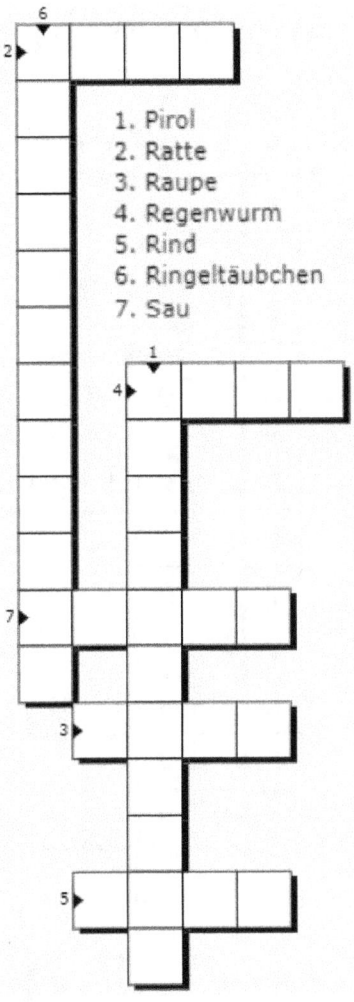

1. Pirol
2. Ratte
3. Raupe
4. Regenwurm
5. Rind
6. Ringeltäubchen
7. Sau

Krieewelsche Begriffe in Pfeilrichtung eintragen: ▼ / ▶

Lösungen zum Kreuzworträtsel #7:

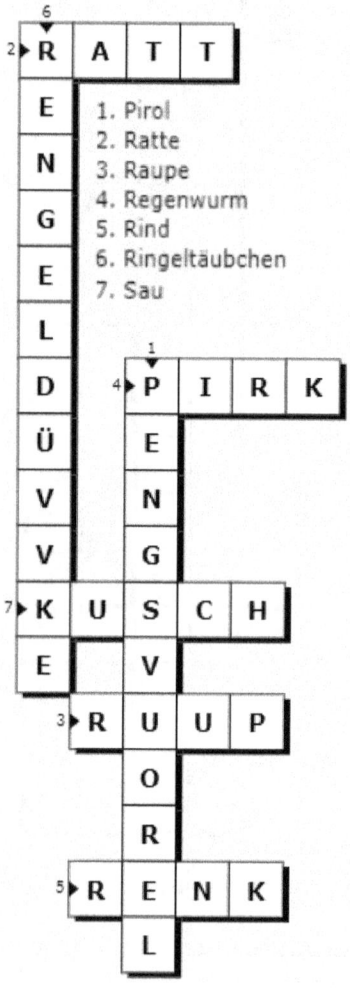

1. Pirol
2. Ratte
3. Raupe
4. Regenwurm
5. Rind
6. Ringeltäubchen
7. Sau

Kreuzworträtsel #8:

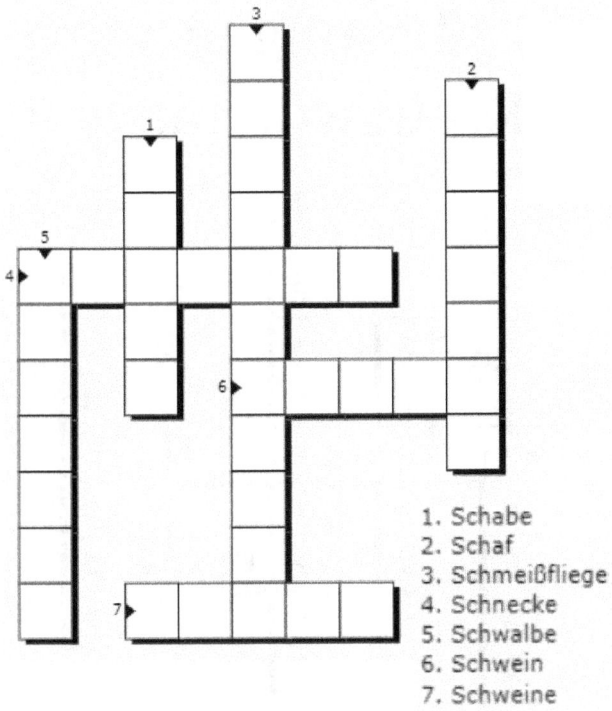

1. Schabe
2. Schaf
3. Schmeißfliege
4. Schnecke
5. Schwalbe
6. Schwein
7. Schweine

Krieewelsche Begriffe in Pfeilrichtung eintragen: ▼ / ▶

[Umlaute schreiben sich Ä, Ö und Ü – anders als sonst im Kreuzworträtsel. Neue Begriffe lernt man nicht gut, wenn man sie als Erstes umschreibt.]

Lösungen zum Kreuzworträtsel #8:

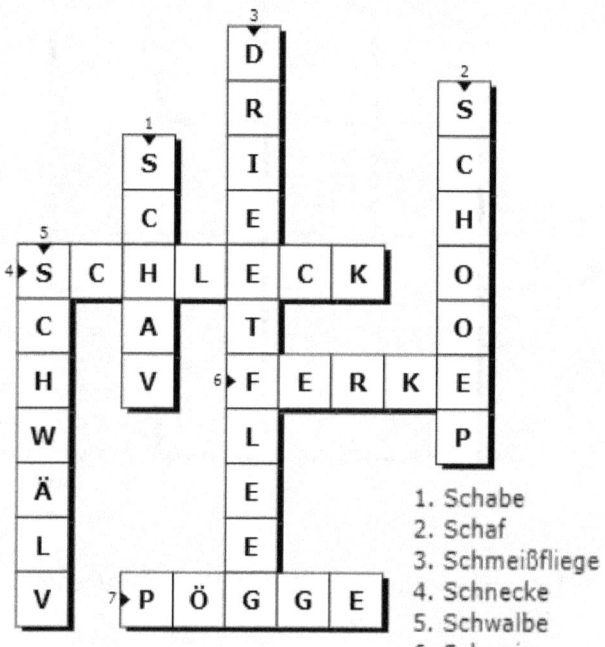

1. Schabe
2. Schaf
3. Schmeißfliege
4. Schnecke
5. Schwalbe
6. Schwein
7. Schweine

Kreuzworträtsel #9:

1. Schweinchen
2. Spatz
3. Spinne
4. Stechmücke
5. Stichling
6. Taube
7. Truthahn

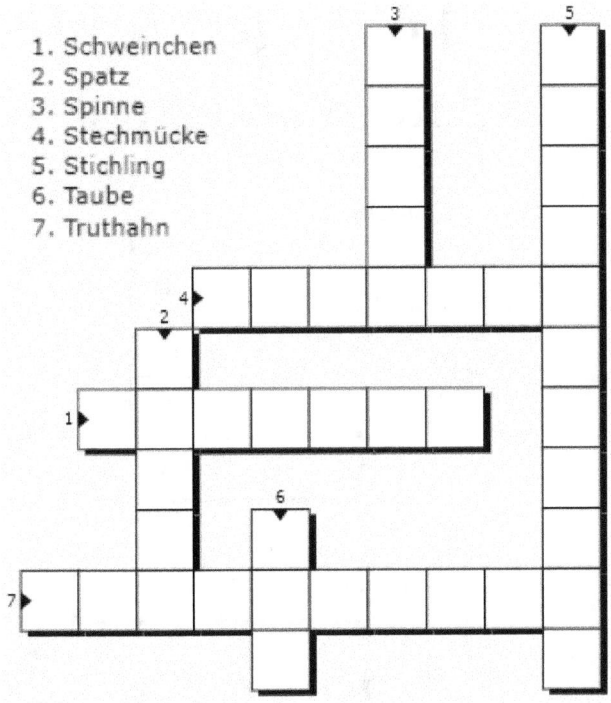

Krieewelsche Begriffe in Pfeilrichtung eintragen: ▼ / ▶

[Umlaute schreiben sich Ä, Ö und Ü – anders als sonst im Kreuzworträtsel. Neue Begriffe lernt man nicht gut, wenn man sie als Erstes umschreibt.]

Lösungen zum Kreuzworträtsel #9:

1. Schweinchen
2. Spatz
3. Spinne
4. Stechmücke
5. Stichling
6. Taube
7. Truthahn

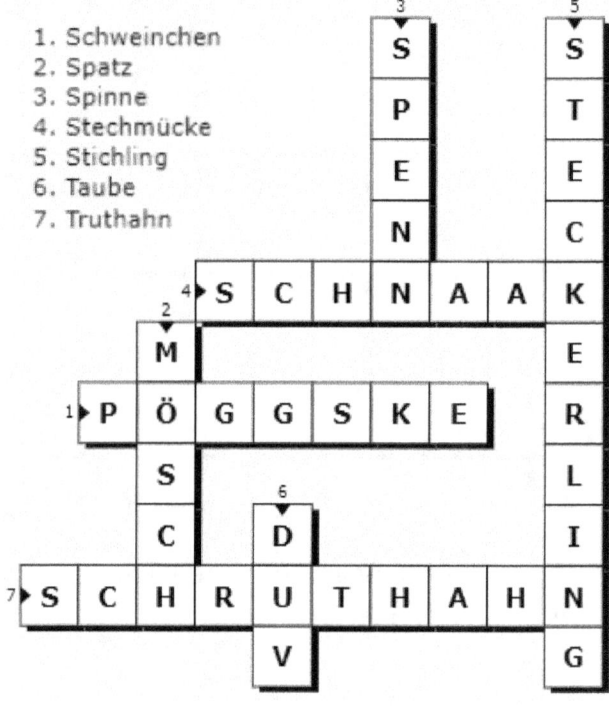

Kreuzworträtsel #10:

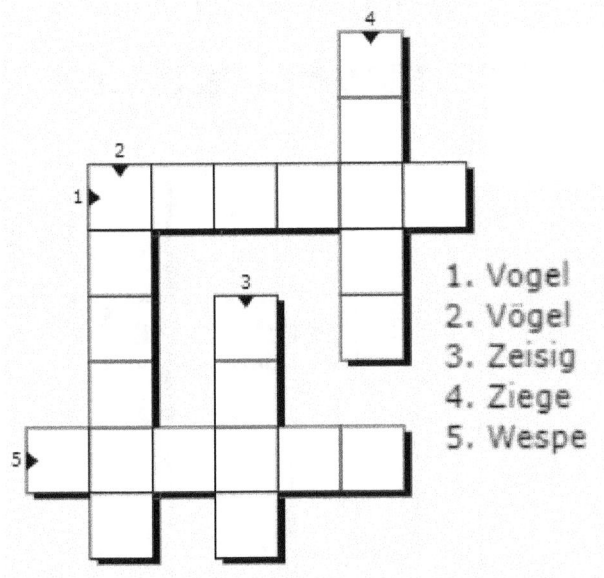

1. Vogel
2. Vögel
3. Zeisig
4. Ziege
5. Wespe

Krieewelsche Begriffe in Pfeilrichtung eintragen: ▼ / ▶

[Umlaute schreiben sich Ä, Ö und Ü – anders als sonst im Kreuzworträtsel. Neue Begriffe lernt man nicht gut, wenn man sie als Erstes umschreibt.]

Lösungen zum Kreuzworträtsel #10:

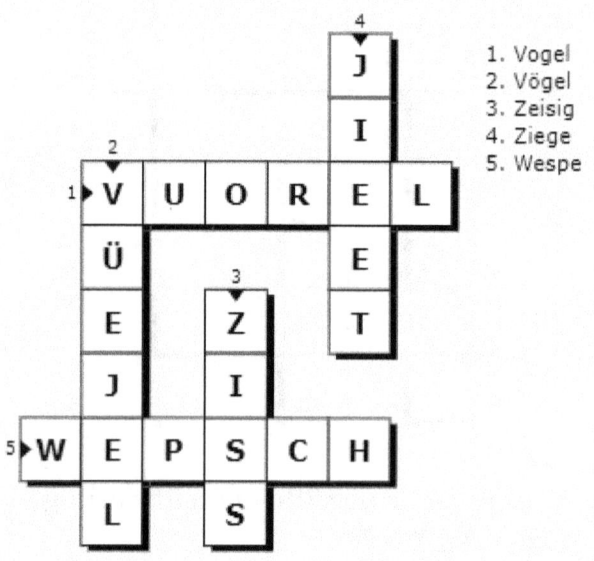

1. Vogel
2. Vögel
3. Zeisig
4. Ziege
5. Wespe

Wie funktioniert ein Suchsel?

Bei einem sogenannten **Suchsel** besteht die Aufgabe beim Rätseln darin, Wörter in einem größeren Quadrat voller Buchstaben zu finden.

Dieses Suchsel ist vergleichsweise einfach konzipiert, da die Krefelder Mundart in ihrer Rechtschreibung für uns recht ungewohnt ist: Die Wörter sind ausschließlich mit Leserichtung von **links nach rechts** [▶]sowie von **oben nach unten** [▼] angeordnet, also im Großen und Ganzen so, wie wir zu lesen gewohnt sind. Außerdem dürfen die Wörter einander **nicht kreuzen**.

Eine Liste der im Buchstabenquadrat versteckten Tiernamen auf Krieewelsch ist jeweils beigefügt, damit es nicht zu schwierig wird.

Bei diesem Rätseltyp empfiehlt es sich ebenfalls, einen Bleistift zu verwenden, mit dem man die Buchstaben schraffiert, in denen man einen der versteckten Begriffe entdeckt zu haben glaubt.

Auch hier viel Spaß!

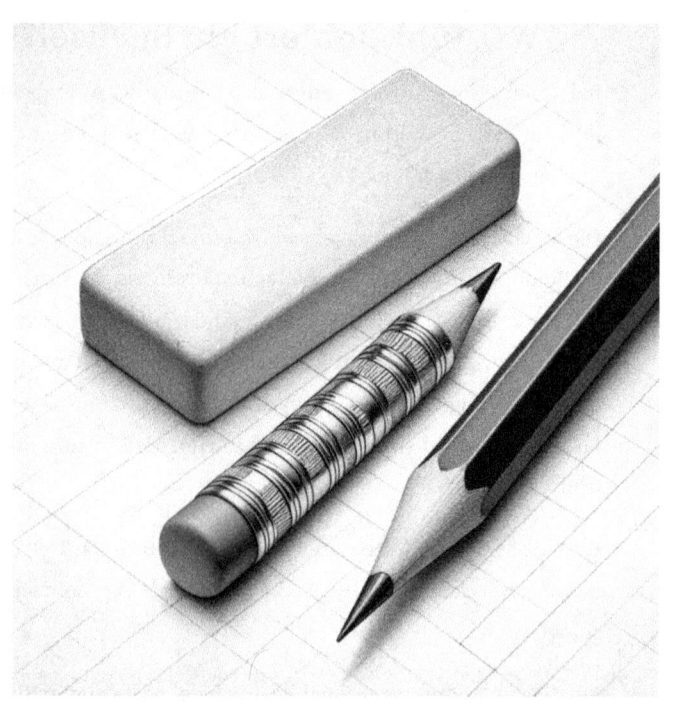

Bleistift / Bleefeär

Suchsel #1

```
Ä E I K N H Y R L E G T H C N E D S G Y
O C F M D I N H A S Y A O E R N B J Y U
Z I Ö E H O V T A I H U M M I F O A S B
Z K S K L N E H P E S K R O T L C A M U
N L C E S H L Ü O E A U G E P E K S I R
O U H L S W Y L E K N I C R P E F O V A
U C Y W E I M L B S A L R K O S E N E D
H K A F R P I C M E E A O N K C N L T I
H U E L M P O P J M Z U T E M H K K L N
F G C E H S E U A P P Ö T T E R B L Ü I
O E R E N T C I T E O D N C H S E O Ü E
X U T R I E D A H L E K E C K E R T S E
C B U M E Ä S E L N I B F C A S N K C K
H E R U E R U A I J E L C D T E L N H K
O I F U I Z U S E L N A F D R I E U H A
N N S S R A M E R L I N G F U O S S E T
K U B G R C T E U S G O F K A C E O N Z
H E R R I N G G I W C E A M G Y N W N L
S B Ä E R E A P R Z D C L A E T P R V I
A L E R S B I U F Y E A I F Ü E H L E B
```

Die versteckten Wörter lauten:

Aap - Sieeksempel – Merling – Wippsteärz - Bäer – Bei – Lüüschhenn – Kluck – Bockfenk – Pötter – Ieekkatz – Eäsel – Üll – Fösch – Fleermuus – Fleesch – Füehle – Keckert – Fuoss – Jaas – Herring – Humm – Honk - Ijel

Lösung zu Suchsel #1

```
A E I K N H Y R L E G T H C N E D S G Y
O C F M D I N H A S Y A O E R N B J Y U
Z I Ö E H O V T A I H U M M I F O A S B
Z K S K L N E H P E S K R O T L C A M U
N L C E S H L Ü O E A U G E P E K S I R
O U H L S W Y L E K N I C R P E F O V A
U C Y W E I M L B S A L R K O S E N E D
H K A F R P I C M E E A O N K C N L T I
H U E L M P O P J M Z U T E M H K K L N
F G C E H S E U A P P Ö T T E R B L Ü I
O E R E N T C I T E O D N C H S E O Ü E
X U T R I E D A H L E K E C K E R T S E
C B U M E Ä S E L N I B F C A S N K C K
H E R U E R U A I J E L C D T E L N H K
O I F U I Z U S E L N A F D R I E U H A
N N S S R A M E R L I N G F U O S S E T
K U B G R C T E U S G O F K A C E O N Z
H E R R I N G G I W C E A M G Y N W N L
S B Ä E R E A P R Z D C L A E T P R V I
A L E R S B I U F Y E A I F Ü H L E B
```

Suchsel #2

```
P E N G S V U O R E L H I R T E A S N D
O P E I K A T P C V N I A E L K W M A F
U R T N K R E I C E D A I O F M U U S R
E B P W M A E O S D R A U F S E O K W U
T H I N P R U H O A N V G E R A C M I D
R H E N A N I A P E Ä R D N R H E G P C
L Y M E A T U L M I R O E D K U Q K P Y
P N E M K H U E M K S C T P L R S R N E
E T O I A C A W P U R G O H A U E O Ä O
Ä R P M L O V E T M Ö C K W C D E O S O
R M E M V Y I R Ü R M L U A T Y E E K E
D O D N K O P I C U T H Y R P L B N E S
C S D N I A A N K U M O E B R C L E M S
W C I X E H U K S P L P I R K O A K Z K
E H F O L D M I K N E P R O G M S R L E
O E U A S N O B E E R A T T V L P A F D
M L A C O P T F S L U N V M K R S A H N
J O D D E S L Ä M P K E A Z R O B N P U
K F C E T A F L I M M F L Ä M M K E S P
D N L C T K A N A R I E E V U O R E L M
```

<u>Die versteckten Wörter lauten:</u>

Kalv – Rhenaniapeärd – Kanarieevuorel – Wippnäske – Mimm – Krei – Pedd – Tückskes – Joddeslämpke – Krooenekraane – Lewerink – Flimmflämmke – Muus – Möck – Moschel – Ooeß – Pau – Peärd – Pengsvuorel – Ratt – Ruup – Pirk

Lösung zu Suchsel #2

```
P E N G S V U O R E L H I R T E A S N D
O P E I K A T P C V N I A E L K W M A F
U R T N K R E I C E D A I O F M U U S R
E B P W M A E O S D R A U F S E O K W U
T H I N P R U H O A N V G E R A C M I D
R H E N A N I A P E Ä R D N R H E G P C
L Y M E A T U L M I R O E D K U Q K P Y
P N E M K H U E M K S C T P L R S R N E
E T O I A C A W P U R G O H A U E O Ä O
Ä R P M L O V E T M Ö C K W C D E O S O
R M E M V Y I R Ü R M L U A T Y E E K E
D O D N K O P I C U T H Y R P L B N E S
C S D N I A A N K U M O E B R C L E M S
W C I X E H U K S P L P I R K O A K Z K
E H F O L D M I K N E P R O G M S R L E
O E U A S N O B E E R A T T V L P A F D
M L A C O P T F S L U N V M K R S A H N
J O D D E S L Ä M P K E A Z R O B N P U
K F C E T A F L I M M F L Ä M M K E S P
D N L C T K A N A R I E E V U O R E L M
```

Suchsel #3

```
K T L D Y R A V B W E P S C H D I N T L
P H E R O A S C T N P Ö G G S K E E G S
L H R S O E L I R B C W N S T F O E N C
A C I L H E B K S S C H N A A K I R X H
U R E N G E L D Ü V V K E N T E H D S R
V K T W G U S C H W Ä L V R E N K N M U
Y U E T F C L R I E G P O L K I E D D T
W S S N G F S T E C K E R L I N G E R H
L C A H V R U O E T D C Y A R I S T I A
P H O R A V H S C H O O E P D S I F E H
S E N V L Ü T P W I U H T K E C L R E N
S P E N N E S V G A C Y N I P H S J T A
M E B O P J N A T C R P I H L A C M F A
K S U M O E E A N R F E R K E V W S L U
V H I Ö N L K J U E R T C I G K W R E L
D U Z S E O V I C S I S C H L E C K E F
U E I C B H D E G I P T A H R I O P G S
V H S H G A B E I E T P Ö G G E D O N C
U E S G O K F T H V P C L S N E K I L H
R E C D T N R I E V U O R E L D T O H F
```

Die versteckten Wörter lauten:

Renk – Rengeldüvvke – Kusch – Schav – Schooep –
Drieetfleeg – Schleck – Schwälv – Ferke – Pögge –
Pöggske – Mösch – Spenn – Schnaak – Duv –
Steckerling – Schruthahn – Vuorel – Vüejel –
Wepsch – Ziss – Jieet

Lösung zu Suchsel #3

```
K T L D Y R A V B W E P S C H D I N T L
P H E R O A S C T N P Ö G G S K E E G S
L H R S O E L I R B C W N S T F O E N C
A C I L H E B K S S C H N A A K I R X H
U R E N G E L D Ü V V K E N T E H D S R
V K T W G U S C H W Ä L V R E N K N M U
Y U E T F C L R I E G P O L K I E D D T
W S S N G F S T E C K E R L I N G E R H
L C A H V R U O E T D C Y A R I S T I A
P H O R A V H S C H O O E P D S I F E H
S E N V L Ü T P W I U H T K E C L R E N
S P E N N E S V G A C Y N I P H S J T A
M E B O P J N A T C R P I H L A C M F A
K S U M O E E A N R F E R K E V W S L U
V H I Ö N L K J U E R T C I G K W R E L
D U Z S E O V I C S I S C H L E C K E F
U E I C B H D E G I P T A H R I O P G S
V H S H G A B E I E T P Ö G G E D O N C
U E S G O K F T H V P C L S N E K I L H
R E C D T N R I E V U O R E L D T O H F
```

Inhaltsverzeichnis

Vorwort 3

Krieewelsch lernen mit Kreuzworträtseln 73

Wie funktioniert ein Suchsel? 95

Inhaltsverzeichnis 103

Impressum 104

Impressum

- **Bilder**:

Copyright by Barbara Rath, Schiefbahner Weg 3, 47807 Krefeld - www.barbara-rath.de
generiert mit ...
https://www.bing.com/images
https://designer.microsoft.com/image-creator

- **Kreuzworträtsel:**

generiert mit
https://www.xwords-generator.de/de

- **Suchsel**:

generiert mit
https://www.ohmydots.com/

- **Cover:**

Umsetzung mit https://www.canva.com/
Covergestaltung Barbara Rath

- **Idee & Umsetzung**

Barbara Rath

- **Schrift:**

https://www.fontsquirrel.com/fonts/alice

ISBN 9798324965624

Independently published

Alle Rechte vorbehalten.